全国职业培训推荐教材
人力资源和社会保障部教材办公室评审通过
适合于职业技能短期培训使用

营销员基本技能

中国劳动社会保障出版社

图书在版编目(CIP)数据

营销员基本技能/凌云等编. —北京：中国劳动社会保障出版社，2013

职业技能短期培训教材

ISBN 978-7-5167-0752-4

Ⅰ.①营… Ⅱ.①凌… Ⅲ.①市场营销学-职业培训-教材 Ⅳ.①F713.50

中国版本图书馆 CIP 数据核字(2013)第 242851 号

中国劳动社会保障出版社出版发行

（北京市惠新东街 1 号　邮政编码：100029）

*

北京谊兴印刷有限公司印刷装订　新华书店经销

850毫米×1168毫米　32 开本　4.125 印张　101 千字

2013 年 10月第 1 版　　2021 年 4 月第 4次印刷

定价：9.00 元

读者服务部电话：（010）64929211/84209101/64921644

营销中心电话：（010）64962347

出版社网址：http://www.class.com.cn

前言

职业技能培训是提高劳动者知识与技能水平、增强劳动者就业能力的有效措施。职业技能短期培训，能够在短期内使受培训者掌握一门技能，达到上岗要求，顺利实现就业。

为了适应开展职业技能短期培训的需要，促进短期培训向规范化发展，提高培训质量，中国劳动社会保障出版社组织编写了职业技能短期培训系列教材，涉及二产和三产百余种职业（工种）。在组织编写教材的过程中，以相应职业（工种）的国家职业标准和岗位要求为依据，并力求使教材具有以下特点：

短。教材适合 15～30 天的短期培训，在较短的时间内，让受培训者掌握一种技能，从而实现就业。

薄。教材厚度薄，字数一般在 10 万字左右。教材中只讲述必要的知识和技能，不详细介绍有关的理论，避免多而全，强调有用和实用，从而将最有效的技能传授给受培训者。

易。内容通俗，图文并茂，容易学习和掌握。教材以技能操作和技能培养为主线，用图文相结合的方式，通过实例，一步步地介绍各项操作技能，便于学习、理解和对照操作。

这套教材适合于各级各类职业学校、职业培训机构在开展职业技能短期培训时使用。欢迎职业学校、培训机构和读者对教材中存在的不足之处提出宝贵意见和建议。

人力资源和社会保障部教材办公室

内容简介

本书首先简要介绍市场营销基本知识，包括营销人员的素质、社交礼仪及市场营销观念的演进；然后进入营销的主要环节，包括市场营销环境分析、营销策划与执行、网络营销等与营销员工作实际紧密联系的工作技能；最后简单介绍相关法律知识。

本书从当前营销员岗位实际需要出发，针对职业技能短期培训学员的特点，基本不涉及复杂的理论，强化了技能的通用性和实用性。全书语言通俗易懂，图文并茂，通过本书的学习，学员能够达到营销员相关岗位的技能要求。本书还可供初涉或从事市场营销工作的人参考。

本书由凌云、贺湘辉、林正健、刘恩良编写，叶韶娟主审。

目录

第一单元 市场营销知识

模块一 营销人员的素质

市场营销工作是一门艺术，同时也是一项极富创造性和挑战性的工作。市场营销工作包括营销人员、产品（或技术）和用户三个主要方面。其中，营销人员是很重要的一个方面，是联结产品和顾客的纽带。

营销人员素质的高低是决定企业市场发展潜力的重要因素。因为现代企业的市场营销工作包含丰富的内容，既要进行市场营销的环境分析、研究和市场需求的调查、预测工作，又要制定营销战略、选择目标市场，同时还要确定市场营销组合策略，制订营销计划以及实施计划和评价效果等。要完成所有这些工作，即市场营销工作，都要求市场营销人员必须具有良好的个人素质和修养。

一、良好的品德

“要做生意，先做人”，只有人品端正，别人才能尊重你，把你当朋友，信任你，从而成为生意上的伙伴。首先要成为品德高尚的人，再加上有才华，才能称为真正的人才；否则，如果品德不正，客户不会相信你，你的老板、领导不会信任你。企业招聘营销人员时，都将品德列为第一重要条件。因为消费者、客户、社会大众一般都是通过营销人员来感知企业的形象、企业的素质、企业的层次的，营销人员是代表企业站在与社会接触的最前沿，是向社会反映企业的一面镜子。社会大众通过对营销工作的认可来接受企业及其产品。如果一个企业营销人员态度好、敬业、品德高尚，则消费者能很快接受企业的产品。

二、良好的心理素质

心理素质渗透在人们的各种活动中，影响着人们的行为方式和活动质量。营销人员应具备的心理特征是：有浓厚的职业兴趣，它可以增强营销人员开拓进取的精神，使营销人员在奔波劳累之中乐此不疲，以持久的热情从事营销活动，探索营销的成功之路；有充分的自信心，这是决定营销工作能否成功的内在力量。

三、较强的交际能力

营销工作实质就是公关活动。一般来说，一名合格的营销人员一定是一名合格的公关人员。如果问什么人的朋友最多，那么应该是营销人员。他们有各种层次、各种职业、各种地方的朋友。可以说认识的人多就是资本，营销人员必须有博大的胸襟来容纳所有人。对于一名优秀的营销人员来说，应该尽可能抓住一切时间、一切机会来交朋友。

四、强烈的责任心

营销人员的一言一行、一举一动都代表公司。公司形象靠营销人员来向社会大众反映，可以说营销人员是一个企业的外交官。因此营销人员必须有强烈的责任心，一方面把自己的工作干好，产生更多的销量，为企业创造更多的效益；另一方面通过自身向社会反映企业的形象、精神面貌、企业文化和理念。

模块二　营销人员的社交礼仪

一、社交礼仪应遵循的基本原则

营销人员应遵循的社交礼仪有很多，主要体现在以下几方面。

1. 自尊和尊重他人

尊重顾客，顾客是上帝，应从消费者的利益出发考虑营销活动；尊重自己，有职业荣誉感，有企业自豪感，在营销活动中，自尊自爱，不卑不亢，获得顾客的尊重。

2. 诚恳待人

在营销活动中，决不能以貌取人、以权取人，不能对购买可能性大的顾客笑脸相迎，而对购买可能性小的顾客恶语相加。应对所有顾客诚恳相待，平等交往，让顾客感到诚意所在。

3. 讲求信用

搞市场经营不讲信用，实际上是自绝后路，既造成他人的损失，又毁坏自己的信誉，最终还将影响经济效益。

二、基本营销社交礼仪

1. 介绍、告别礼仪

自我介绍时态度谦虚，不可自吹自擂、滔滔不绝而让别人无法插话。过于迫切与陌生顾客拉近距离，会使对方产生防范心理。被介绍时应站起来，正对对方，表示真诚地希望认识对方，并记住对方的姓名、单位、职务等情况，介绍完毕握手并问候。介绍他人时，介绍顺序是应把身份低、年纪轻的介绍给身份高、年纪大的，把男士介绍给女士。被介绍的人，要主动向对方问候，微笑并点头致意。

告别礼仪比见面礼仪难得多、复杂得多。与顾客交谈的结果分为成功、暂无结果、失败三种，应根据谈判情况（成功与否），说适当的告别语，让对方感到你的热情、礼貌，值得继续交往。此时的告别应是暂时别离，除非企业或营销员决意不再跟其来往，否则，必须注意告别礼仪。

被拒绝时，更能体现营销员的素质、形象。告别语要热情、简洁。主要内容包括：一是对本次会见的感慨，如“很高兴今天能见到你”；二是对对方的感谢，如“今天得到您的盛情款待，衷心感谢”；三是对今后多加强来往的愿望，如“希望今后多加联系”，对于会面涉及业务的关键内容，不妨提一句，但要简明扼要；四是表示告别，如“再见”“晚上见”等。

注意事项

① 即使交易不成功，甚至被严词拒绝，也不能忘记说：“打扰您了，实在抱歉，谢谢！”

② 告别应和进来时同样恭敬，门将关上时，再次表示谢意。

③ 绝不能倒背着手关门。关门要温文尔雅，不可粗鲁。

④ 如果顾客优柔寡断，告别时要主动讲明下次拜访的时间，以征求对方的意见，且准备好对策。

⑤ 如果顾客是自律型的，可这样问：“您看我下次什么时候来比较合适？”为下次见面“铺路”。

2. 握手礼仪

握手是常见礼仪，应自然大方，五指并用，稍微一握，2～3秒为宜。握手时戴手套是不礼貌的，也不能伸出左手与人握手。社交中，无论是谁伸出手，都是友好表示，营销人员不应拒绝，即使对方的地位比自己低。握手时，年轻者对年长者，身份低者对身份高者应稍微欠身，握住对方的手，以示尊敬。男士与女士握手，一般应只握一下女士的手指或轻轻接触。握手的顺序为：主人、年长者、身份高者、女士先伸手，客人、年轻者、身份低者先问候，待对方伸出手后再握手。作为女士，除非十分不便，否则应主动伸出手以示友好。

3. 称呼礼仪

称谓是很复杂的问题，应根据不同的顾客、民族、阶层、单位性质等情况分别予以区分。对国内顾客，可称呼“同志”“先生”，前面冠以姓氏或名字；如果有职务或职称，可称呼其职务或职称，如张处长、王教授、李经理等。此外，还可以根据不同地方的风俗习惯，适当变换，以拉近与顾客的距离。

4. 致歉礼仪

致歉是对对方有所请求或打扰，希望得到答复或谅解，用以表示歉意。致歉礼仪有以下几种。

（1）拜访时，如果顾客忙于工作、休息，即使对方愿意停下来接待，还是应该说“对不起，打扰了”或“请原谅，耽误你一些时间”。

（2）交谈中，某些言行引起对方不快或不满，应赶紧道歉，或根据情况进行纠正、解释。

（3）交谈中，需要打断对方的话（插话）时，应先致歉。可以说“对不起，打断一下”或者“请原谅，我想说明一下”。

（4）交谈中，对于对方提出的要求无法承诺或不能满足其要求时，可以说“请原谅，这件事我实在无能为力”或“很抱歉，我要让您失望了”等。

（5）交谈结束，告别时，可以说“对不起，占用了您这么长的时间”。

5. 拜访礼仪

（1）时间的选择。选择恰当的时间，不要突然、不合时宜地拜访。以安排在拜访对象比较空闲的时间为宜，尽量避免吃饭时间拜访，如果对方有午休习惯，就别在午后拜访，晚上拜访的时间不宜太晚，尤其不要在对方就寝前拜访。拜访前，应对顾客的基本情况进行了解，以便正确选择拜访时间。拜访前，一定要将拜访日期、时间等通过电话约定，特别是初次见面。一旦约定了拜访时间，就要严格遵守，不要迟到，更不能无故失约。

（2）尊重主人。拜访时，应做到仪容整洁，服饰美观而不奢华，大方而不轻浮，以示尊重对方。到达对方门前，先按门铃或敲门（即使开着门），等主人开门后，主动握手、问候并自我介绍，经允许后方可进入。进入后，举止稳重，仪表端庄，交谈时，不要东张西望，应专注有礼。雨雪天拜访，雨具不应带入室内，应放在室外或指定的地方。如对方是长者，主人未坐，自己不要先坐。如有其他客人在场，可先在旁边静坐，不要无故打断别人谈话。主人敬烟倒茶，要起身说“谢谢”，双手迎接。主人端上果品，等其他客人或长者动手之后，自己再取用。拜访时，尽量不抽烟，特别要注意主人的习惯和民族风俗。另外，讲话要注意措辞及音调，避免声音过低或过高、无节奏、大声喊叫等。对拜访中对方提出的问题要干脆利落地回答及处理，办事拖泥带水、优柔寡断的营销人员无法获得对方的信赖。

（3）根据对方及环境的变化，随机应变。交谈中，注意观察对方的表情、眼神、身体的姿态、说话的语气来推测对方的心理变化，分析自己的表达是否奏效。例如，对方随营销人员的陈述内容表现出各种表情，或随动作指示而转移视线等，说明对方已经对谈话内容产生兴趣，此时，千万不要打断或干扰对方的情绪，更不可瞪眼看对方，要继续用亲切的口气进行介绍。如果对方心不在焉，低着头不说话，要考虑到他可能有事着急要办，或心情不好，应适时结束谈话，起身告辞。拜访时，对于顾客的兴趣、爱好、生活习惯等不要评头论足；若发生不愉快的事，应克制自己，不要随意流露出不满或厌烦情绪。

6. 交谈的礼仪

（1）态度和姿态。任何推销场合，营销员都要表现出诚实、热情、大方的态度，这是交谈的基础，也是相互尊重的前提。

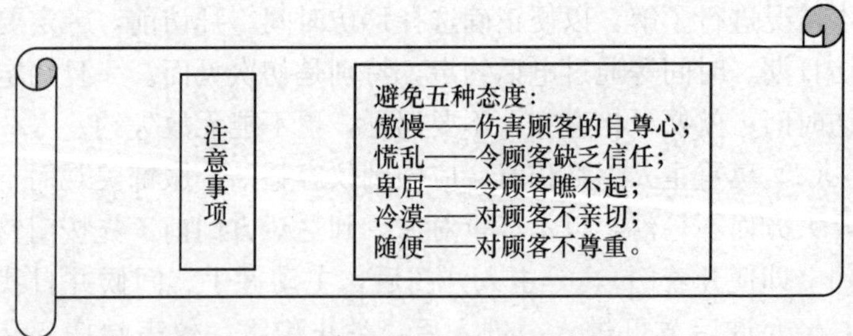

同时，要根据顾客和场合的不同，分别采取不同姿态。若对

方是德高望重的前辈，为了表示尊敬，应坐直并前倾身体；若对方的年龄、经历、职务等与自己不相上下，身体可靠在沙发上，随意些，放松，以拉近心理距离；若对方的配偶在场，特别是异性，最好还是略加收敛，以示礼貌和尊重；如果有人敬烟送茶，应礼貌地起身或欠身以示谢意；告辞时，也应略微欠身向主人告别，若主人相送，则应适时回转身体，挥手示意对方留步。

（2）手势。手势是最频繁的一种非口语活动，运用恰当，可增加传递信息的清晰度，起到加强、强调谈话内容的作用。注意不要过分夸张，否则，起不到应有作用。不同手势在不同国家、地区、民族的含义不同，了解并有效地利用当地手势，是必不可少的技能。

（3）眼神。眼神主要表示对顾客的尊重、友好、重视、关心、注意等。用眼神展示内心世界，画龙点睛。眼神可以调节与顾客的心理距离。研究表明，双方双目对视一般只持续一秒左右，然后移开。如果双方距离较远，可以注视对方以拉近心理距离；相反，如果距离很近，尤其是异性，应经常移动视线，否则会使对方感到窘困。

（4）耐心倾听。倾听是对顾客的尊重。与顾客接触时，切不可滔滔不绝，冷落顾客，或注意力不在顾客身上，而应神情专注，时常与顾客目光交流，点头示意或用手势鼓励对方继续说下去，表情随顾客讲话的情绪变化而变化。最后，还要有耐心，耐心倾听可以与对方建立和谐关系，还可以发现顾客的内心动向、购买欲望、购买力大小、购买中的决策者等。

（5）面部表情。包括眼神在内的面部表情在传达信息方面起着十分重要的作用，特别是在情感交流中，表情的作用占了极大的比例。心理学家发现情感交流、信息的表达中，12％为言语、38％为声音、50％为表情，可见表情的重要性。因此，要充分运用好眼睛、眉毛、嘴等脸部器官。最常见、最有用的面部表情是笑。愿不愿、会不会恰到好处地笑，反映一个营销员的交谈能力。

（6）位置和距离。营销员与顾客交谈时的位置与距离，也可对营销结果产生微妙的影响。如朋友常常并肩而坐，有种亲密感；商务谈判的双方相对而坐，显得相互平等，具有抗衡感。因此，与顾客交谈时，位置安排恰当，利于谈话顺利进行。

模块三 市场营销观念的演进

市场营销观念是企业决策者在谋划和组织企业的整体实践活动时所依据的理念、态度和思考方式，也可以说是一种组织方式，它将企业的不同功能和工作过程组织在一起，共同为目标消费者服务。

市场营销观念不是人为定义的，而是社会经济发展的产物，同经营活动所处的内外部环境有关，是企业决策者在企业内外部环境的动态影响下，为追求企业的生存与发展，在经营活动中逐渐形成的。当一定的市场营销观念形成后，又会反过来对企业的经营管理产生强大的能动作用。当企业的市场营销观念适应特定的经济环境时，必将对企业的经营实践产生正确的指导和推动作用；反之，若企业的市场营销观念不适应企业所处的经济环境，决策者的经营方式和指导思想必将滞后于时代，企业的经营目标也就无法实现，甚至会将整个企业引向衰败。所以，熟悉市场营销观念的演进，对于经营者在经营过程中确立正确的营销理念、采取科学的营销策略是非常重要的。作为一名营销人员，应具备一定的企业营销观念，同时也应了解市场营销观念的演进过程。

市场营销经历了 5 个不同的发展阶段，产生了 5 种不同形式的营销观念，如图 1—1 所示。

一、生产观念

20 世纪 20 年代以前，西方国家完成了工业革命，内燃机和

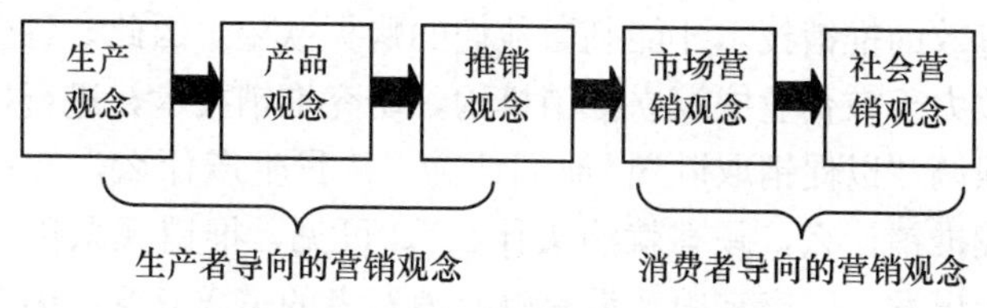

图 1—1　市场营销观念的演进

电力技术得到广泛应用，生产力大大提高，经济迅速发展，市场上的产品大部分供不应求，只要价格低廉，质量能保证，产量再多也能销售出去。这种观念强调“以量取胜”，企业只注重生产管理，追求高产出、低成本、低价格，当然在供不应求的市场上，这种经营思路可以为企业获得较高的效益。

二、产品观念

由于在生产观念阶段，各生产商努力提高劳动生产率，使得市场上供求矛盾得到缓和，生产趋于饱和状态。许多生产者逐渐意识到，消费者喜欢的是高质量、多功能、具有特色的产品。于是在生产过程中开始注重提高产品质量，改进产品性能，认为只有产品质量不断提高才能扩大销售量，企业奉行“以质取胜”。

生产观念和产品观念的核心都是以生产为中心，因此又称为生产者导向观念。市场以卖方处于有利地位为特征，生产与销售的关系是以产定销。持这种观念的生产者没有意识到，产品的价格再低廉，质量再高，也无法使消费者重复购买无需求的产品，无法引导市场需求的发展方向。

三、推销观念

生产观念和产品观念发展到一定阶段，市场形势发生了变化，进入了供过于求的阶段。企业在生产过剩的环境中，生存和发展所面临的首要问题已不再是生产，而是如何把产品销售出去，让积压的资金流动起来。在这种情况下，注重推销的推销观念代替了生产观念和产品观念。

推销观念认为，消费者对购买物品存在某种抵抗情绪，只有通过有效的推销技术才能刺激他们的购买欲望。因此，各生产商开始致力于在企业中设立推销机构，研究推销技术，进行推销培训，强调“以促销取胜”。他们认为，“我生产什么，就推销什么；我推销什么，顾客就购买什么”。可见，推销观念仍然是从生产者出发，以产定销，没有顾及消费者的需求意愿。因此，推销工作可能会在短期内增加销售量，但并不能使消费者由无需求变为有需求。

四、市场营销观念

第二次世界大战之后，西方国家的科技创新及其在生产中的应用得到了迅猛发展，市场上的产品非常丰富，人们的生活水平逐步提高，消费需求也不断变化，此时在生产上若还一味强调产品的产量和质量，在经营上还固守被动的推销观念，则不能在激烈的市场竞争中立足。于是，市场营销观念应运而生。

市场营销观念认为企业应该研究消费者的需求心理，生产消费者需要的东西，而不是生产自己能生产的东西。认为决定企业生产行为的既不是政府也不是企业，而是消费者。生产什么、销售什么，要先分析消费者需要什么。所以，市场营销观念是以消费者为导向的观念，又称为消费者导向观念，主张“顾客需要什么，我就生产什么”。

五、社会营销观念

自20世纪70年代以来，由于人们消费需要的变化，加之大量生产资源被消耗，导致出现资源短缺、环境污染、通货膨胀等世界性的社会问题；同时，世界人口总量的持续增长，使得社会、经济、环境等方面都面临着巨大压力。在这样严峻的形势下，市场学家意识到，单纯的市场营销观念只关注消费者短期需求的满足和企业的利益，而忽略了消费者的长期利益和社会的整体利益。在这种情况下，社会营销观念应运而生。

社会营销观念认为，企业的生存与发展必须与周围的环境取得协调与平衡，在明确目标市场需求和自身生产条件的基础上，通过有利于消费者利益和社会利益的经营策略，比竞争者更有效地向消费者和社会提供更高的价值。持这种观念者在制定市场营销策略时关注消费者需求、企业利润和社会效益三者之间的平衡，认为企业的任务是使社会经济发展、消费者需求、企业发展和员工利益四个方面都得到满足。

上述营销观念的5个发展阶段，可以分为两大类：生产者导向的营销观念和消费者导向的营销观念。生产观念、产品观念和推销观念都是以生产者为导向的营销观念；市场营销观念和社会营销观念是以消费者为导向的营销观念。前者是传统营销观念，后者是现代营销观念，两种观念指导下的企业经营行为是截然不同的。

5种营销观念的比较见表1—1。

表1—1　　5种营销观念的比较

营销观念	重点	方法	导向	目的
生产观念	产品	提高产量 降低成本	扩大生产	以产品数量获取利润
产品观念	产品	提高质量 改进产品	产品研究	凭产品质量获取利润
推销观念	产品	推销和广告	施展推销技术	以扩大销售获取利润
市场营销观念	顾客	营销组合	顾客需求和欲望	通过顾客满意获取利润
社会营销观念	顾客、社会	营销组合	统筹兼顾企业、顾客、社会三方面利益	满足三方利益的同时获取利润

第二单元　市场营销环境分析

市场营销环境是指影响企业生产经营活动的各种内外部因素的总和，包括内部环境和外部环境或宏观环境（间接环境）和微观环境（直接环境）。企业的市场营销环境可分为微观环境和宏观环境两大类。微观环境因素包括企业、供应者、营销中介、顾客、竞争者和公众。宏观环境因素包括人口环境、经济环境、资源（自然）环境、科学技术环境、政治法律环境、社会文化环境。

模块一　企业的微观环境

企业营销管理的任务，就是要不断向目标市场提供对其有吸引力的产品或服务。要想成功地做到这一点，企业的营销管理者就不仅要关注目标市场的需求，而且要了解企业营销活动的所有微观环境因素。每个企业的营销目标都是在盈利的前提下为目标顾客服务，满足目标市场的特定需求。要实现这个任务，企业必须把自己与供应者和营销中介联系起来，以接近目标顾客，即供应者—企业—营销中介—顾客，形成企业的基本营销系统。此外，企业营销的成败还要受另两个因素的影响：一是竞争者，二是公众。

一、企业

企业的市场营销部门不是孤立的，它紧密联系着企业的许多其他职能部门，如高层管理者（董事会、总裁等）、财务、研究与开发、采购、制造和会计等部门。营销部门在制订和实施营销计划时，必须考虑其他部门的意见，处理好同其他部门的关系。

高层管理者是企业的最高领导核心，负责制定企业的任务、目标、战略和政策，营销管理者只有在高层管理者规定的范围内作出各项决策，并得到上层的批准后才能实施。

营销管理者还必须同其他职能部门发生各种联系，如在营销计划的实施过程中资金的有效运用、资金在制造和营销之间的合理分配、可能实现的资金回收率、销售预测和营销计划的风险程度等都同财务管理有关；新产品的设计和生产方法是研究与开发部门集中考虑的问题；生产所需的原材料能否得到充分的供应，是由采购部门负责的；制造部门负责生产指标的完成；会计部门则通过对收入和支出的计算，协助营销部门了解其计划目标实现的程度。所有这些部门，都同营销部门的计划和活动发生密切的关系。例如，营销部门的产品经理把他的营销计划呈送高层领导之前，要征求财务和制造部门的意见，因为这两个部门如果在资金使用和生产能力上不予支持，则营销计划将成为泡影。此外，营销部门与其他部门之间也时常发生矛盾，均需妥善处理。

二、供应者

供应者是指向企业及其竞争者提供生产上所需要的资源的企业和个人，包括提供原材料、设备、能源、劳务和资金等。企业要选择在质量、价格以及运输、信贷、承担风险等方面条件最好的供应者。

供应者这一环境因素对企业营销的影响很大，所提供资源的价格和数量，直接影响企业产品的价格、销量和利润。供应短缺、工人罢工或其他事故，都可影响企业按期完成交货任务。从短期来看，这些事件会导致销售额的减少；从长期来看，则会损害企业在顾客中的信誉。如果企业过分依赖单一的供应者，往往容易受其控制。并且若单一供应者遇到意外情况而致使其供应能力受到影响，也会直接波及企业的生产和销售。因此，企业应尽量从多方面获得供应，以降低供应风险。

三、营销中介

营销中介是指在促销、分销以及把产品送到最终购买者方面给企业以帮助的那些机构，包括中间商、实体分配机构、营销服务机构（调研公司、广告公司、咨询公司等）、金融中间人（银行、信托公司、保险公司等）。这些都是市场营销不可缺少的中间环节，大多数企业的营销活动，都需要有它们的协助才能顺利进行。如生产集中和消费分散的矛盾，必须通过中间商的分销来解决；资金周转不灵，则需求助于银行或信托公司等。商品经济越发达，社会分工越细，这些中介机构的作用越大。企业在营销过程中，必须处理好同这些中介机构的合作关系。

四、顾客

企业需要仔细地了解它的顾客市场。市场营销学通常按顾客及其购买目的的不同来划分市场，这样，可具体深入地了解不同市场的特点，更好地贯彻以顾客为中心的经营思想。一般包括消费者市场、生产者市场、中间商市场、政府市场和国际市场，这5种市场将在以后有关各章论述。

五、竞争者

企业在经营过程中会面对许多竞争者。要想成功，就必须充分了解自己的竞争者，努力做到较其他竞争者更好地满足市场的需要。从购买者的角度来观察，每个企业在其营销活动中，都面临4种类型的竞争：愿望竞争，是指满足购买者当前存在的各种愿望的竞争；平行竞争，是指能满足同一需要的各种产品的竞争，如交通工具可分为汽车、两轮摩托车、三轮摩托车等，各种交通工具之间是平行的竞争者；产品形式竞争，是指满足同一需要的同类产品不同形式间的竞争，如汽车有各种型号、式样，其功能各有不同特点；品牌竞争者，是指满足同一需要的同种形式产品的各种品牌之间的竞争，如汽车有奔驰、丰田、福特等牌子。这种品牌之间的竞争，即同行业者之间的竞争是要着重研究的。每个企业都应当充分了解目标市场上谁是自己的竞争者，竞争者的策略是什么，自己同竞争者的力量对比如何，以及它们在市场上的竞争地位等。在竞争中取胜的关键在于知己知彼，扬长避短，发挥优势。

但是，一个企业如果仅仅注重品牌竞争，仅仅致力于在一定的市场上争夺较高的占有率，而忽略了抓住有利时机开辟新的市场或防止其产品的衰退，那就犯了“营销近视症”。

六、公众

企业的营销环境还包括各种公众。公众是指对一个组织实现其目标的能力具有实际或潜在利害关系和影响力的一切团体和个人。企业所面临的公众包括以下 7 类。

1. 金融公众

金融公众是指关系并可能影响企业获得资金能力的团体，如银行、投资公司、证券交易所和保险公司等。

2. 媒体公众

媒体公众主要是指报社、杂志社、广播电台和电视台等大众传播媒体。这些组织对企业的声誉具有举足轻重的作用。

3. 政府公众

政府公众是指有关的政府部门。营销管理者在制订营销计划时必须充分考虑政府的政策。企业必须向律师咨询有关产品安全卫生、广告真实性、商人权利等方面可能出现的问题，以便与有关政府部门搞好关系。

4. 群众团体

群众团体是指消费者组织、环境保护组织及其他群众团体。如玩具公司可能遇到关心子女安全的家长对产品安全性的质询。20 世纪 60 年代以来国际上日益盛行的消费者保护运动，是不可忽视的力量。

5. 当地公众

当地公众是指企业所在地附近的居民和社区组织。企业在营销活动中，要避免与周围公众利益发生冲突，应指派专人负责处理这方面的问题，同时还应注意对公益事业作出贡献。

6. 一般公众

一般公众是指社会上的一般公众。企业需要了解一般公众对它的产品和活动的态度。企业形象，即在一般公众心目中形象的好坏，对企业的经营和发展有重要意义，要力争在一般公众心目中建立良好的企业形象。

7. 内部公众

内部公众是指企业内部的公众，包括董事会、经理、"白领"员工、"蓝领"员工等。近几年，许多公司提出了"内部营销"这一新概念，这是营销理论在企业内部的运用。内部营销观念强调企业内每一名员工都有其内部供应者和内部客户，每一名员工都要通过自身的努力与内部供应者搞好关系，协调运作；同时尽力满足内部客户的各种需要，共同实现企业的战略目标。大企业通常发行内部通信，对员工起沟通和激励作用，以加强内部交流，提高工作效率。内部公众的态度还会影响企业与外部公众的关系。

以上这些公众，都与企业的营销活动有直接或间接的关系。现代企业是一个开放的系统，在经营活动中必然与各方面发生联系，处理好与各方面公众的关系，是企业管理中一项极其重要的任务。因此，当代许多公司都设有"公共关系部门"，专门负责处理与公众的关系，这也是现代商品经济高度发展的一个产物。公共关系问题现在已经形成一个专门的学科——公共关系学，许多学校，包括我国的一些学校已经设立了这一专业，专门讲授公共关系原理和实务。我国实行改革开放以来，沿海一些城市的较大企业相继建立了公共关系部门，并在实践中取得了一定的经验和成效。

但是，企业如果把公关工作仅仅交给公关部门负责是很不够的。所有员工，上至高层管理者，下至基层业务员，包括电话总机接线员、门卫等人员，都应为建立良好的公共关系负责。

模块二　企业的宏观环境

宏观环境包括人口、经济、资源、科学技术、政治法律和社会文化环境 6 大要素，一切营销组织都处于这些宏观环境因素之中，不可避免地受其影响和制约。这些都是不可控制的因素，企业及其所处的微观环境，都在这些宏观力量的控制下。这些宏观力量及其发展趋势给企业提供机会，同时也造成威胁。

一、人口环境

人口环境与市场营销的关系是十分密切的，因为人是市场的主体。企业的人口环境包括人口的数量、密度、居住地点、年龄、性别、种族、民族和职业等方面。

人口环境主要动向包括：世界人口迅速增长；发达国家的人口出生率下降，儿童减少；许多国家人口趋于老龄化；许多国家的家庭在变化；西方国家非家庭住户在迅速增加；许多国家的人口流动性大（从农村流向城市、从城市流向郊区）；有些国家的人口由多民族构成。

从美国等西方发达国家看，人口环境主要有以下 4 个方面的变化：人口年龄结构在变化，家庭状况在变化，人口在地理上流动，教育水平提高和“白领”人口增多。美国非家庭住户有单身成年人住户、两人同居者住户、集体住户三种。

二、经济环境

构成市场的因素除人口外，还必须有购买力。而社会购买力受宏观经济环境制约，是经济环境的反映。影响购买力的因素主要有消费者的收入、币值、消费者的储蓄和信用、消费者的支出模式等。

1. 消费者收入

消费者收入分为可支配个人收入和可随意支配个人收入两种。

可支配个人收入是指扣除消费者个人缴纳的各种税款和交给政府的非商业性开支后可用于个人消费和储蓄的那部分个人收入。

可随意支配个人收入是指可支配个人收入减去消费者用于购买生活必需品的固定支出（如房租、保险费、分期付款、抵押贷款）所剩下的那部分个人收入。

2. 消费者支出模式

根据恩格尔定律：

（1）随着家庭收入的增加，家庭用于购买食品的支出占家庭收入的比例（即恩格尔系数）会下降。

（2）随着家庭收入的增加，家庭用于住宅建筑和家务经营的支出占家庭收入的比例大体不变，燃料、照明、冷藏等支出占家庭收入的比重会下降。

（3）随着家庭收入的增加，家庭用于其他方面的支出（如服装、交通、娱乐、卫生保健、教育）和储蓄占家庭收入的比例将会上升。

3. 消费者的购买力

消费者的购买力除了受消费者收入等因素影响外，还受家庭生命周期的阶段和消费者家庭所在的地点两个因素的影响。

三、资源（自然）环境

1. 资源分类

地球上的自然资源有三类：取之不尽、用之不竭的资源；有限但可以更新的资源；有限又不能更新的资源。

2. 资源环境主要动向

自 20 世纪 60 年代以来，西方国家的一些学者越来越多地关心工业发展对自然环境的影响。曾有人警告说，如果地球上的资源不能保持不断再生，则有一天地球将会像缺乏燃料的宇宙飞船一样危险。还有许多学者对工业污染、生态系统的失衡提出指责和警告。同时，出现了许多环境保护组织，促使一些国家加强了环境保护方面的立法和执法。这些对市场营销都是严峻的挑战。

对企业营销管理者来说，应注意自然环境方面以下 5 种趋势对市场营销所造成的威胁和机会：

（1）某些原料的短缺。无限的资源如空气等，总体上是取之不尽、用之不竭的，但污染问题严重，亟待解决。有限可再生的资源如森林和农产品等，短期内还不会有太大问题，但必须防止过量采伐和侵占耕地。有限又不可再生的资源如石油、煤和各种矿产品问题最为严重。如果按目前的消耗量持续不减，到 2050 年更多的矿产资源将告枯竭。

这些情况意味着依靠这些矿产品为原料的企业，将面临成本大幅度上升的问题。因此，必须积极从事研究与开发，尽力寻求新的资源或代用品。因此，原料短缺既是环境威胁，又是新的营销机会。

（2）能源成本的变化。石油是工业发达国家的主要能源，是有限又不可再生的自然资源。20 世纪 70 年代石油危机以后油价猛涨，每桶油价从 1970 年的约 2 美元涨到 1982 年的 34 美元，迫使人们大力研究新的能源，如太阳能的开发已取得相当成就，在家庭取暖设备等方面已有若干新产品。还有企业研制电动车，以取代以石油为能源的汽车。这种能源短缺的威胁，同时也提供了若干新的营销机会。

（3）环境污染严重。现代工业的发展，对自然环境造成了不可避免的破坏。例如，水源、空气、土壤的大量化学污染，废弃包装材料的处理等，已经成为当代社会的一个严重问题。当今世界每年有 600 余万公顷土地变成沙漠，1 200 万公顷森林消失，250 亿吨土壤流失，淡水日益短缺，酸雨污染对森林和水生动物造成严重危害。

在我国，近年来环境污染问题已经引起政府和公众的重视，有关部门做了大量工作，但有些方面的问题还相当严重。特别是乡镇企业的发展，使污染问题更加严重。如 1990 年与 1985 年相比，我国废水排放量上升 8%，二氧化碳排放量上升 24.7%，工业固体废料排放上升 25.5%。近年来，我国有些地区居民因食用被农药污染的蔬菜而中毒的事故时有发生，水果、粮食也有类似情况，以至有些地方居民曾争相购买有虫眼的蔬菜，认为那是没有洒过农药的。

公众对环境保护的关心，一方面限制了某些行业的发展，另一方面也造成了两种营销机会：一是为治理污染的技术和设备提供了一个大市场，二是为不破坏生态环境的新的生产技术和包装方法创造了营销机会。环境保护主义的兴起，使消费者和生产经营者增强了生态意识，体现了社会营销观念的指导作用。

（4）政府加强对环境保护的干预。由于公众对自然环境的日益关心，促使许多国家的政府加强了环境保护工作，加强了对自然资源的管理。例如，德国自 1991 年 1 月起实行严格的环境保护法规，要求大部分公司设置“生态经理”，20 世纪 90 年代前因危害环境罪被起诉的案件很少，而现在每年约有 3 万宗，并且以 20%～30%的速率递增。但这种干预往往与经济增长和企业扩大生产发生矛盾，由于许多企业要投资于污染治理，因而不能增加生产设备和就业机会，这就影响了经济增长，目前有些国家的管理当局已注意到这个问题。但从社会的长远利益和整体利益来看，环境保护工作绝不可放松。

为避免重蹈西方“先污后治”的覆辙，我国通过各种政策法规大抓环境保护工作，取得明显成绩。在实现经济增长的同时，环境污染也得到一定控制。中国是当今世界上为数不多的在宪法中明确提出保护环境的国家之一。迄今为止，中国有关环境保护的全国性法律、法规、政策性文件已达近百个。企业必须注意有关法令的限制，严格守法；同时，要抓住环境保护所提供的营销机会。

(5)“绿色营销”的兴起。随着环境问题的日益严重，世界各地掀起了“绿色营销”的新浪潮。所谓绿色营销，是指企业在营销活动中要充分考虑到社会环境利益，在有利于社会发展和环境保护的前提下，开展经营活动。绿色营销与传统营销的本质区别在于：它强调社会环境利益与商业道德，要求企业在追求短期利益的同时，兼顾人类社会的长期利益。

绿色营销最先发源于西方发达国家。由于生态环境日益遭到破坏，“保护环境，珍惜地球”的呼声日益高涨。1972 年联合国在瑞典斯德哥尔摩第一次召开人类环境会议，发表了《斯德哥尔摩人类环境宣言》，向世界提出“人类只有一个地球”的强烈呼吁。1978 年，德国首先提出“蓝色天使”计划，向达到一定生态环境标准的产品颁发蓝色天使标签。美国和加拿大在 1988 年也开始实行环境标志制度，日本在 1989 年实行了“生态标志”计划。到 1990 年，德国已有“蓝色天使”食品 3 000 多种，美国有 600 多种绿色食品，日本符合生态要求的产品也已有 2 000 余种。除食品外，绿色浪潮还不断蔓延到其他行业，绿色电器、绿色建筑、绿色原料等相继出现，绿色市场、绿色商业、绿色服务等也蔚然兴起。我国的绿色营销是 20 世纪 80 年代后期起步的，1989 年，农业部正式提出“绿色食品”的概念。

1992 年 11 月，国务院批准成立了“中国绿色食品发展中心”。1994 年 5 月正式成立了“中国环境标志产品认证委员会”，制定并颁发了一系列有关的规定和标准。在政府的支持下，绿色食品、无氟冰箱、低毒涂料、无铅石油等绿色产品纷纷涌现，目前在全国一些大城市成立的绿色商店已有数十家。绿色市场营销观念正在成为 21 世纪市场营销的新主流。

随着绿色营销观念的逐步深入人心，企业营销人员要相应地制定绿色营销组合策略。最重要的是绿色产品策略，要将安全、卫生、有利于保护环境、节能节耗的优质产品送达消费者手中。

在送达过程中，要选择绿色的分销渠道，以保证绿色产品的安全。同时，由于绿色产品包含了环境使用费，所以绿色产品的价格往往要高于非绿色产品。此外，还要围绕绿色产品开展促销活动，树立企业及产品的“绿色形象”。

展望未来，开发绿色产品、争取绿色标志、传播绿色文明将成为企业绿色市场营销活动的主要内容。

四、科学技术环境

科学技术是影响人类前途和命运的最重要的因素，是“第一生产力”，但是科学技术也是一种“创造性的毁灭力量”。它有利于企业改善经营管理，同时也影响零售商业结构和消费者购物习惯。技术的进步对市场营销的影响更为直接而显著。

营销应注意以下几个趋势：技术进步的步伐加快，创新的机会无穷，研究与开发预算很高，关于技术革新的法规增多。

第二次世界大战后由于新技术的迅速发展，新产品的大量涌现，往往产生一些不良后果，因而一些国家的政府对新产品的检查和管理日益加强，对安全与卫生的要求越来越高。西方许多公司有这样的经验：投资数百万元开发的新产品，由于政府认为不安全，被迫从市场上收回。因此，营销者在发展新技术、创造新产品时，一定要充分注意各种有关法规的限制。

五、政治法律环境

这里所说的政治法律环境，主要是指与市场营销有关的各种法规以及有关的政府管理机构和社会团体的活动。第二次世界大战后西方国家的政治法律环境越来越多地影响市场营销，美国等许多西方国家的政府对经济的干预日益加强，经济立法日益增多。西方国家的经济立法以及对经济活动的宏观调控和管理方法，是在高度发达的市场经济的基础上产生和发展起来的，因而有许多是符合社会化大生产和市场经济发展的客观要求，从而也是符合社会利益的，可供我国借鉴。

现代西方国家政治法律环境中对企业营销管理关系最密切的

3 种趋势是：管制企业的立法增多、政府机构执法更严和公众利益团体的力量增强。

六、社会文化环境

这里所说的文化主要是指一个国家、地区或民族的传统文化，如风俗习惯、伦理道德观念、价值观念等。人们在不同的社会文化背景下成长和生活，各有其不同的基本观念和信仰，这是在不知不觉中形成的。一个社会的核心文化和价值观念具有高度的持续性，它是人们世代沿袭下来的，并且不断得到丰富和发展，影响和制约着人们的行为，包括消费行为。企业的营销人员在产品和商标的设计、广告和服务的形式等方面，要充分考虑当地的传统文化，充分了解和尊重传统文化，在创新的时候也不要与核心文化和价值观念相冲突；否则，将造成不必要的损失。

除了核心文化以外，在一个社会中还有亚文化。例如，移民、外侨、特殊阶层等，由于他们的生活经历不同，表现出不同的信念和价值观，从而有不同的消费需求和行为。如根据我国传统，结婚等喜庆日子身着红色服装，以示吉祥，而西方传统是结婚时身着白色礼服，表示纯洁。现在我国沿海城市有许多人受西方文化影响，风俗习惯已有所改变，对其中健康有益的部分，应予以支持，而对那些腐朽有害的内容，则必须坚决抵制。即使在同一传统文化范围内，不同教育水平、不同职业、不同年龄的人，仍然会有许多不同的观念和习惯。现代社会发展很快，人们的观念也在不断发生变化，不同年代的人在观念和生活方式上往往有很大差距，这些也都是企业必须进行具体研究的。特别是到外地或外国开辟新的市场时，对当地的文化环境必须认真调查研究，以免触犯禁忌。例如，1984 年我国出口某阿拉伯国家的塑料底鞋，遭到当地政府出动大批军警查禁销毁，原因就是鞋底花纹酷似当地文字“真主”一词。

国际市场营销决策必须了解和考虑各国的文化差异。市场营销决策还要着重调查研究亚文化及其群体的动向。

总之，市场营销的宏观环境主要包括以上 6 个方面。这些对企业来说，都是不可控制的因素，企业只有设法适应这些环境，而不能改变环境，这是市场营销学的传统观点。但是，近年来美国有些著名学者提出了不同的见解，修正和发展了传统的营销理论。他们认为，企业的营销活动不仅受外部环境的影响和制约，同时通过向外提供产品和服务、传播信息以及开展公共关系活动（如通过游说影响立法，利用宣传报道形成公众舆论）等，也可影响外部环境，使之变得有利于企业达到自己的目标。看来似乎不可控制的环境障碍，有些经过营销人员的不懈努力，也是可以克服的。

第三单元　营销策划与执行

营销策划是指企业以顾客需求的某些特征或变量为标准将顾客细分为若干个群体，然后结合特定的市场环境和资源条件选择某些特定群体作为企业的目标市场，并制定有针对性的市场营销战略和策略。主要包括市场细分（segmentation）、目标市场（targeting）与市场定位（positioning）三个部分，故也被称为营销的 STP 战略。

模块一　市场细分

一、市场细分的含义

市场细分是企业根据消费群体的一定特性，把某一产品整体市场划分为若干个具有相似欲望和需求的分市场或子市场的过程。这种按照一定标准将整个市场划分开来的活动又被称为市场分割、市场区隔化。这一活动的结果，即一个个被分隔的子市场可称为细分市场，每个细分市场内的消费者具有相似的消费需求。

市场细分的意义在于：

（1）有助于企业更深刻地认识把握市场，更准确地界定和理解竞争对手。

（2）有助于企业发现和利用最佳的市场机会。

（3）有助于企业开展针对性的营销活动，发挥竞争优势。

（4）有助于企业更有效地调整营销策略，更好地满足消费者需求、更有效地对抗竞争。

二、市场细分的标准

市场细分是以消费者需求差异为划分依据的，因此形成需求差异的各种因素均可作为市场细分的标准。市场细分通常可分为四大类，即地理细分标准、人口细分标准、心理细分标准、行为细分标准，见表 3—1。

表 3—1　　市场细分标准的具体因素

<table>
<tr><td rowspan="4">地理环境因素</td><td>区域</td><td>太平洋沿岸地区、山区（指国际时区西 7 区的地区）
西北地区、西南地区、东北地区、东南地区、南大西洋地区、中大西洋地区、新英格兰地区</td></tr>
<tr><td>城市规模</td><td>5 000 人以下、5 000～20 000 人、2 万～5 万人、5 万～10 万人、10 万～25 万人、25 万～50 万人、50 万～100 万人、100 万～400 万人、400 万人以上</td></tr>
<tr><td>人口密度</td><td>城市、城市郊区、农村</td></tr>
<tr><td>气候</td><td>北方、南方</td></tr>
<tr><td rowspan="5">人口因素</td><td>年龄</td><td>6～11 岁、12～19 岁、20～34 岁、35～49 岁、50～64 岁、65 岁以上</td></tr>
<tr><td>性别</td><td>男性、女性</td></tr>
<tr><td>家庭收入</td><td>1 万～1.5 万元、1.5 万～2 万元、2 万～3 万元、3 万～5 万元、5 万～7.5 万元、7.5 万元以上</td></tr>
<tr><td>职业</td><td>教授类专业人士、经理、政府官（职）员、企业主、牧师、推销员、技工、领班、熟练工、农民、退休人士、学生、家庭主妇、失业者</td></tr>
<tr><td>教育水平</td><td>小学及以下、初中、高中、大专、本科及以上</td></tr>
<tr><td rowspan="3">心理因素</td><td>社会阶级</td><td>最底层阶级、底层阶级、工人阶级、中产阶级、中上层阶级、顶层阶级</td></tr>
<tr><td>生活方式</td><td>成就型、依赖型、拼搏型</td></tr>
<tr><td>个性</td><td>内向型、外向型、权威人格型、自信型</td></tr>
</table>

续表

行为因素	购买需要	有规律的、特殊的
	使用者状况	尚无用户、以前曾有用户、潜在用户、第一次使用者、经常使用者
	品牌忠诚度	无、中等强度、很强、完全忠于某一品牌
	购买意向	未听说过、听说过、了解有关信息、有兴趣购买、渴望购买、马上购买

三、市场细分的原则

1. 可衡量性

细分后的目标市场必须较容易衡量，能较容易地测算或估量市场规模、销售潜力有多大。

2. 可进入性

细分的市场必须是企业有能力进入的、具有实质意义的目标细分市场，特别是不能受法律法规限制。

3. 可盈利性

细分后的目标市场要有一定的规模，市场容量要足够大，要保证企业有一定的盈利空间，对企业有吸引力，值得企业去开发并为之服务。

4. 可行动性

选择的细分标准细分出的目标市场所要求的产品和服务必须与企业的能力相匹配，企业要有能力采取各种营销策略和措施为该市场服务。

5. 可区隔性

经过细分的各个细分市场的特征差异是可以识别的，它们的需求差异也十分明显，即各个细分市场可区分。如果细分市场不能有效区分，细分就是没有意义的。

四、市场细分的方法

市场细分的方法主要有单一因素法、多种因素法和综合因素法。企业可以根据实际需要进行组合，从而合理地细分市场。

单一因素法即按照一种因素细分市场。比如以收入水平的高低划分服务市场，可分为高、中、低档；以年龄来划分玩具市场，可分为婴儿、幼儿、少儿、青年与成年等市场。

多种因素则依照 2～3 种因素细分市场。比如对服装市场而言，可以考虑性别、年龄与收入 3 个最主要的因素。

综合因素法则是依照多种因素（一般多于 3 个）细分市场。以综合因素法细分服装市场为例，如图 3—1 所示。

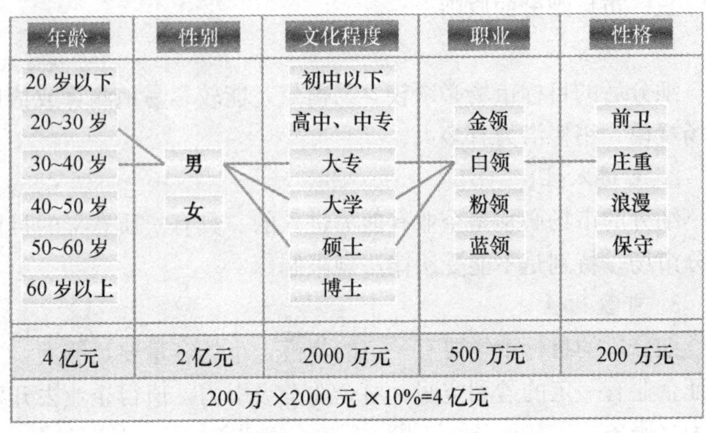

图 3—1　综合因素法细分服装市场案例

模块二　目标市场选择

一、目标市场的含义

目标市场是营销者准备用产品或服务以及相应的营销组合为之服务或从事经营活动的特定市场，即企业在市场细分的基础上，根据自身优势准备为之服务的那部分顾客群体。

二、目标市场的评估

企业要选择哪些细分市场作为自己的目标市场，必须要对这些细分市场进行评估。具体评估内容有以下 4 项。

1. 细分市场的潜量

细分市场的潜量是指在一定时期内，各细分市场中的消费者对某种产品的最大需求量要足够大且适合，包括数量和购买力。

2. 细分市场的竞争状况

细分市场的竞争状况是指竞争者的数量、结构、能力及进出壁垒等方面的分析。根据行业利润的观点，最有吸引力的细分市场是进入壁垒高、退出壁垒低的市场。

3. 细分市场特征与企业资源、能力吻合程度

企业进行市场细分的根本目的就是要发现与自己的资源优势能够达到最佳结合的市场需求，以求比竞争者更好地满足顾客的需求。

4. 细分市场的投资回报率

企业选择恰当细分市场的目的在于其提供的盈利水平。高投资回报率是企业所追求的，必须对细分市场的投资回报能力作出正确的估测和评价。

三、目标市场的选择策略

1. 市场集中化

市场集中化是指企业选择一个细分市场，集中力量为之服务，如图 3—2 所示。集中营销使企业深刻了解该细分市场的需求特点，采用有针对性的产品、价格、渠道和促销策略，从而获得强有力的市场地位和良好的声誉，但这种策略同时隐含较大的经营风险。

2. 产品专业化

产品专业化是指企业集中生产一种产品，并向所有顾客销售这种产品。企业为不同的顾客提供不同种类的高档产品，而不生产消费者需要的其他档次产品，如图 3—3 所示。在高档产品方

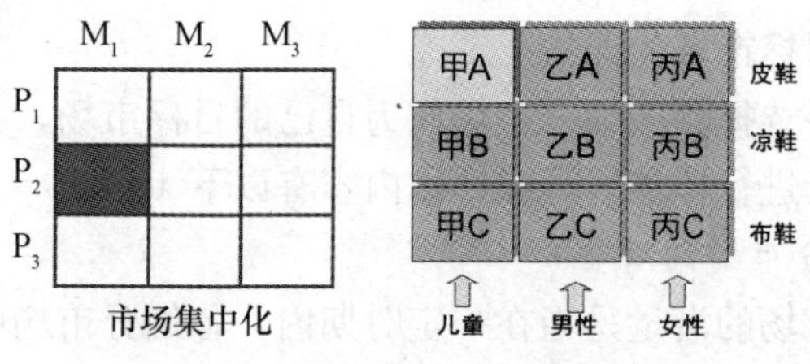

图 3—2 市场集中化选择策略

面树立很高的声誉，但一旦出现其他品牌的替代品，企业将面临巨大的威胁。

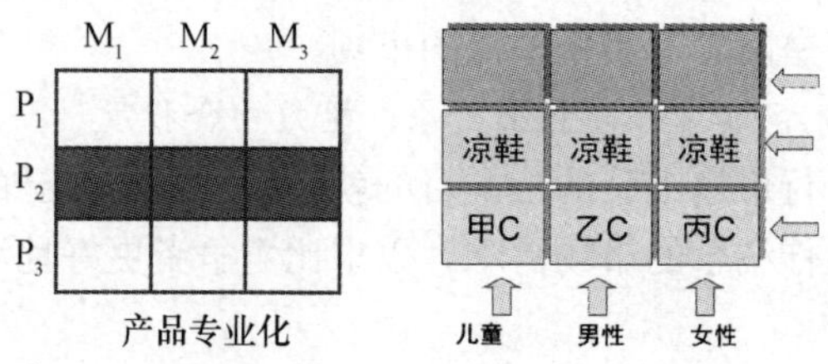

图 3—3 产品专业化选择策略

3. 市场专业化

市场专业化是指企业专门服务于某一特定顾客群，尽力满足他们的各种需求，如图 3—4 所示。这样能建立良好的声誉。但一旦这个顾客群的需求潜量和特点突然发生变化，企业要承担较大风险。

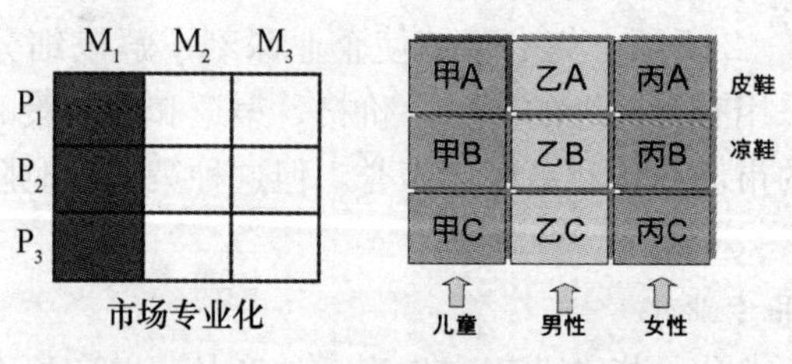

图 3—4 市场专业化选择策略

4. 有选择的专业化

有选择的专业化是指企业选择几个细分市场，每一个对企业的目标和资源利用都有一定的吸引力，但各细分市场彼此之间很少或根本没有联系，如图 3—5 所示。这种策略能分散企业经营风险，即使其中某个细分市场失去了吸引力，企业还能在其他细分市场盈利。

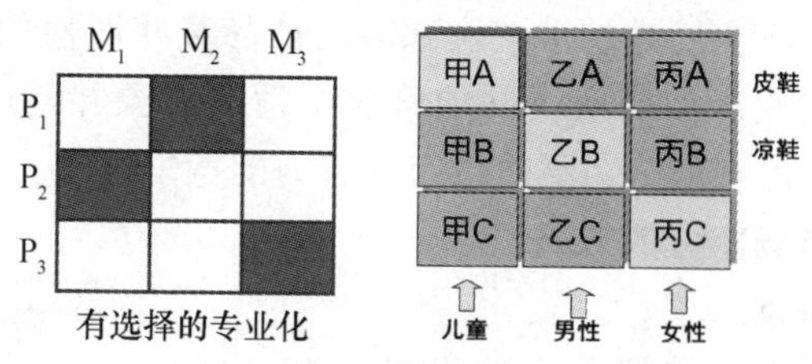

图 3—5　有选择的专业化选择策略

5. 完全市场覆盖

完全市场覆盖是指企业力图用各种产品满足各种顾客群体的需求，即以所有的细分市场作为目标市场，如图 3—6 所示。一般只有实力强大的大企业才能采用这种策略。

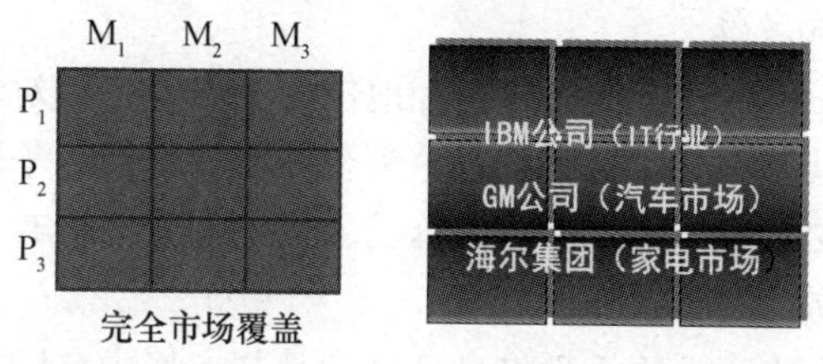

图 3—6　完全市场覆盖选择策略

模块三　市 场 定 位

一、市场定位的含义

市场定位也称为产品定位或竞争性定位，是指根据竞争者现有产品在市场上所处的地位和顾客对产品某些属性的重视程度，塑造出本企业产品与众不同的鲜明个性或形象并传递给目标顾客，使该产品在细分市场上占有强有力的竞争位置。

二、市场定位的方式

1. 领导定位

企业可以凭借某方面的优势将自己定位于市场“领导者”“第一”“首选”或者“专家”等。

2. 避强定位

这是一种避开强有力的竞争对手进行市场定位的模式。企业不与对手直接对抗，而是将自己定位于某个市场“空当”，发展目前市场上没有的特色产品，开拓新的市场领域。

3. 对抗定位

这是一种与在市场上居支配地位的竞争对手“对着干”的定位方式，即企业选择与竞争对手重合的市场位置，争取同样的目标顾客，彼此在产品、价格、分销、供给等方面少有差别。

4. 借势定位

通过某种形式的关联将自己的产品与市场中名牌产品连在一起，以争取竞争优势。

三、市场定位的原则

1. 单一性原则

市场定位所选的属性（或主题、核心卖点等）尽可能集中于一点，让产品在顾客心目中建立单一清晰的形象，避免造成模糊不清的感觉。

2. 心理性原则

市场定位的目的在于打动顾客的情感，在顾客心理上占据一定的位置。

3. 长期性原则

市场定位必须通过长期不懈的努力才能在顾客心理上形成稳定而清晰的形象。

4. 一贯性原则

市场定位的形象必须长期保持一致性和连续性，不能随意变更。

5. 传播性原则

市场定位的形象必须通过必要的营销手段传播出去，并不断强化，使之深入人心。

6. 系统性原则

市场定位一旦明确，与产品相关的所有营销策略必须与之相匹配，即产品品牌、质量、包装、服务、价格、渠道、广告等各环节必须与市场定位协调一致。

四、市场定位的步骤

1. 了解目标顾客的购买行为特征

产品定位特色的确定，应首先从分析顾客的购买行为特征入手。通过必要的市场调查，了解目标顾客在选购相应的产品时，所考虑的主要因素有哪些，也就是找出顾客的“买点”。

2. 列出可用于定位的因素

根据目标顾客购买行为特征的调查结果，分析哪些因素是大多数顾客购买产品时都较为关注的，即分析哪些因素既具有促销力又处于中心位置，也就是要找出大多数顾客的“买点”。一般来说，这些“买点”都可以考虑作为选择定位特色的重点。

3. 分析本企业及竞争对手产品的特点

在列出的各种可用于定位的因素中，分析比较本企业及竞争对手的产品在这些方面的具体情况，识别优势、劣势。

4. 确定本企业产品的定位特色

在比较本企业及竞争对手产品优劣势的基础上，进一步分析哪个方面是本企业及产品独一无二的，或者是比竞争对手更具有优势的，该方面的特点就可确定为企业产品的定位特色，作为企业产品的卖点。这样可确保企业突出的卖点与顾客的买点相一致。

5. 传播显示定位特色

传播定位特色是很关键的一步，是一个“说”的过程，也就是企业要将定位特色传达给顾客，并不断强化，使它深入人心。这虽然是产品定位的最后一步，但持续时间长，耗费精力大，企业为此要做出不懈的努力。在传播定位特色的过程中，要做到“稳、准、狠”。

“稳”就是在传播定位特色的过程中，要坚持“用一个声音说话”，让产品在顾客心目中建立单一清晰的形象，避免造成模糊不清的感觉。不仅广告和各种形式的促销活动要着重宣传产品的特色，产品的包装上也应突出产品的定位特色。坚持产品、价格、服务、促销宣传、包装等营销环节的协调一致，使各个方面都要服从于产品的定位特色。

“准”就是在传播定位特色时，要准确地表现所确定的“卖点”，让顾客准确地领悟和理解提供给他的购买理由。

“狠”就是在传播定位特色的过程中要“说得够”，通过多种媒体、多个层次、全方位的传播让目标顾客真正了解、熟悉、认同企业产品的定位特色。

模块四　产品策略运用

产品是市场营销组合的一个重要因素。在市场营销组合中，首要问题就是企业以什么样的产品来满足目标市场的需求。产品策略作为企业市场营销组合战略的基石，可直接决定企业价格策略、分销策略、促销策略的制定和企业市场营销的成败。

一、产品

从生产者的角度来讲，产品是指能提供给市场，用于满足消费者需求的任何吸引物。从消费者的角度来看，产品是以目的地活动为基础的有形和无形要素的组合。

产品概念包括核心产品、有形产品和附加产品三个层次。

1. 核心产品

核心产品是指消费者购买某种产品时所追求的利益，是消费者真正要买的东西，因而在整体产品中也是最基本、最主要的部分。消费者购买某种产品，并不是为了占有或获得该产品本身，而是为了获得能满足某种需要的效用。

2. 有形产品

有形产品是核心产品借以实现的形式，即向消费者提供的实体和服务的具体形式。它具体说明了在一定的时间内以一定的价格所提供的产品。

3. 附加产品

附加产品是指消费者购买有形产品时所获得的全部附加服务和利益。产品中的附加产品包括能为消费者带来附加价值的要素，通常由基本产品延伸的服务体现出来。

二、产品组合

产品组合是对产品系列和产品项目的组合。企业通过设计与调整现有产品组合状况，使产品的结构更为合理科学，从而更好地适应市场的需求。

产品组合是指经营者根据经营目标、资源条件以及市场需求和竞争状况，对产品线的宽度、深度和关联度进行组合的过程。

（1）产品项目。产品项目是指各种不同规格、价格、样式、包装、质量的特定产品，即企业在产品目录上列出的每种产品，都是一个产品项目。

(2) 产品线。产品线是指在产品的功能、性质及价格等方面具有一定的相似性，能满足同一类需求的一系列产品。

(3) 产品线的广度、深度和关联度

1）产品线的广度是指同一家企业所经营的产品线的数量。较广的产品线有利于企业充分利用自己的人力、物力、财力等资源，拓展市场面，增强应变力，降低经营风险。较窄的产品线有利于企业集中力量提高专业化水平，降低经营成本。

2）产品线的深度是指同一条产品线所包含的产品种类的多少。较深的产品线有利于企业在市场细分的基础上满足不同消费者的消费需求，实现市场渗透，增加市场份额。较浅的产品线则有利于企业集中力量发挥专长，创立品牌，增加销量，实现规模效益。

3）产品线之间相互关联的程度称为产品线的关联度。各产品线在生产条件、销售渠道等方面可能存在一定联系，也可能互不相干。一般来说，增加产品线之间的关联度有利于企业充分发挥潜力，降低经营风险。

三、产品组合策略

常用的产品组合策略有以下几种：

1. 广深结合策略

广深结合策略是指企业同时经营多条产品线，产品线的宽度较宽，在每一条产品线中又增加产品的种类，即产品线的深度也较深。这种策略有利于企业满足不同市场的需求，分散经营风险。但经营成本较高，且容易造成资源的过度分散，难以实现规模经营，还可能导致品牌形象不清晰。

2. 市场专攻策略

市场专攻策略是指企业面向同一市场提供不同产品，以满足其多样化及超细分化需求。实施这一策略有利于企业集中力量了解某一目标市场的需求特征，开发满足这些需求的多样化、多层次的产品，也有利于市场渗透。但由于目标市场单一，客观上限制了规模的不断扩大，而且，如果此市场出现大的变动，则经营者承担的经营风险较大。

3. 产品专攻策略

产品专攻策略是指企业专门经营某一类型的产品来满足不同市场的同一类需要。这种策略有利于对产品进行深度开发，同时，有利于企业树立鲜明的品牌形象。但经营风险较大，一旦这种产品受市场波动影响而滞销，可能导致企业经营难以维持。

四、品牌策略

1. 品牌的含义

品牌是指用以识别一个（或一群）卖主的商品或劳务的名称、术语、记号、象征或设计、组合，并用来将卖主和其他竞争者区分开。它包括品牌名称和品牌标志，所有品牌名称和品牌标志都是品牌或品牌的一部分。

品牌名称是指品牌中可以用语言称呼的部分。例如，海尔、麦当劳、可口可乐等都是著名的品牌名称。

品牌标志是指品牌中可以被认出但不能用言语称呼的部分，如符号（记号）、设计、颜色或印字。

商标是企业在政府有关主管部门注册登记以后，享有使用某个品牌名称和品牌标志的专用权，这个品牌名称和品牌标志受法律保护，其他任何企业都不得仿效使用。因此，商标实质上是一种法律名词，是指已获得专用权并受法律保护的一个品牌或一个品牌的一部分。

2. 品牌策略的分类

品牌决策是企业整个产品管理的一个主要方面。企业给自己的产品起个适当的名字，正确设计品牌，向政府申请注册品牌，这些活动可以增加产品的价值。品牌策略一般包括如下几种。

（1）品牌延伸策略。品牌延伸是指将某一著名品牌或某一具有市场影响力的品牌使用到其他产品上。品牌延伸是企业推出新产品，快速占领并扩大市场的有力手段，是企业对品牌无形资产的充分发掘和战略性运用。品牌延伸能帮助新产品尽快进入市场，缩短导入期，节约促销费用，降低新产品的市场风险。但品牌延伸若出现失误，则会造成“一损俱损”的不利后果。

（2）品牌租用策略。中小型企业可以利用自己的某些优势，如分销渠道、客户资源等，租借同行业当中的某一知名品牌，来开发推出新的产品，把自身优势与同行业中的知名品牌巧妙结合，借知名品牌的影响力，扩大企业自身的规模和实力。这也就是通常所说的“借船出海”。

（3）品牌共享策略。品牌共享就是若干家企业共同使用同一个品牌，组成一个规模较大的品牌联合体。在这个比较大的共享品牌下开发新产品，使新产品有市场依托、有可以共享的销售渠道，可以快速地进入市场。

3. 品牌管理

品牌的管理工作包括：在对品牌现状考察的基础上，准确把握企业已有品牌性格或构建新品牌性格；在发展态势、消费者洞察和市场分析的基础上，提炼消费者渴望的品牌性格；对目标竞争品牌进行比较研究之后，确立品牌的理想性格；通过设计满足消费者不断变化的需求的产品或服务，提供品牌的产品和服务支持；围绕这一理想性格及其产品和服务支持，提炼出促销主题；在主题的统率下设计出沟通方式和阶段性效果评估系统，最终形成适应顾客需求、竞争需求、市场环境变化的品牌战略。通过这一永无止境的循环过程，推动品牌的成长。这一战略过程，有如下关键环节。

（1）品牌理念的确立。品牌理念是指企业在实施品牌战略时应树立的指导思想及奉行的价值观念。作为品牌的创造者，企业应始终牢记三种基本理念：第一，起跑意识，即企业应有先占市场的意识，在找准目标市场的前提下快速切入市场，占据一个较佳的竞争位置；第二，归队意识，即企业在竞争中应坚持自己在市场中的定位，防止掉队，这是企业在进入市场和市场竞争中应树立的基本理念；第三，冲刺意识，即当出现新的市场机会时，企业应集中所有的力量，占领市场制高点，建立品牌的市场领导地位，这是企业在市场扩张时应具有的基本理念。

（2）品牌调查工作。品牌的建设与成长离不开内外环境的支持，因此，在推行品牌战略时，应有严谨求实的观念，必须以客观环境作为品牌建设的依据和出发点。只有这样，才能使品牌建设立足于坚实的市场基础，从而避免“闭门造牌”和“纸上谈牌”。

（3）品牌定位工作。品牌定位实际上是建立（或重新塑造）一个与企业目标市场有关的品牌形象的过程与结果。品牌定位的基本目的在于建立本企业所期望的且被目标消费者所认可的竞争优势。

美国管理学家迈克尔·波特认为，品牌定位的本质就是要挑选出一套与众不同的活动，向消费者提供一套独特的价值。基于这一基本思想，企业在进行品牌定位时，应重点考虑自身的竞争优势，尤其是潜在的竞争优势。企业可根据顾客消费行为的基本步骤分解各个价值环节，寻求优势。在识别潜在优势的基础上，选择恰当的竞争优势，这些竞争优势包括有形的资源优势、无形的服务优势、恰当的区位优势、独特的人才优势、合理的价格优势等，最后将所选定的优势通过各种传播渠道扩散。

（4）品牌设计工作。品牌设计工作包括支撑品牌的产品和服务设计及各类外显性符号，如名称、标志、色彩、字体等的整体形象设计。在产品设计阶段，企业应根据重要程度的不同，关注核心产品、形式产品和延伸产品的设计。核心产品和形式产品的设计应强调产品的功能性、差别性，而延伸产品的设计应强调产品的亲和性。前者是基础、前提，后者是提高、升华。形象的设计应关注其独特性、本质性和易识别性，使得形象真正展现品牌的全部文化内涵。

（5）品牌推广（传播）工作。在筹建品牌过程中，应重视品牌的推广传播工作。企业首先可借助于大众传播媒介，提高品牌的知名度，在此基础上，通过提供优质的服务、特色的产品来塑造良好口碑，提升品牌的美誉度，通过富有成效的促销手段，扩大品牌的市场占有率。

（6）品牌资产评估。从经济学的定义看，品牌资产是一种超越生产、商品及所有有形资产之外的价值，它是品牌赋予商品或服务的一种附加价值，是衡量品牌竞争能力的重要标准。

开展品牌资产评估，可使企业准确了解品牌的价值所在，深化对品牌的保护意识，随时掌握品牌资产的波动情况，适时作出调整，确保品牌不断升值。还可根据品牌资产的评估结果，确定品牌延伸策略。对于那些有潜在竞争力的品牌，企业应集中资源大力发展，对于那些过时的品牌，应果断放弃，致力于开发、巩固新品牌。

（7）品牌保护工作。实施品牌战略要走一条规范化的管理之路，这条规范化管理之路有赖于整个社会与企业的共同努力。

就宏观方面而言，政府应制定有关品牌资产管理条例，指导各行各业的品牌管理工作。政府应设立相应的品牌管理机构，负责品牌的宏观管理，并实行地方或区域分管制，通过设置地方或区域分管部门以实现有效的管理监控。我国已成立商标局作为品牌管理的机构，专项管理有关品牌事务，从体制上保证了品牌资产的管理。另外，从法律角度看，必须进一步制定和完善品牌资产管理的法律法规，使之更有利于商标保护和品牌资产运营中的保值增值。目前，假冒品牌现象十分普遍，应加强品牌资产管理的立法、执法，使其沿着法制化的轨道健康发展。

就微观方面而言，企业可根据政府的制度，制定出切合实际的管理体系和标准，并在组织结构上作出相应的调整。如在企业增设专门机构或人员，具体负责品牌管理。国外著名的企业早在20世纪20年代就设立品牌经理制，专门负责品牌建设的全过程，企业每一件新产品的研制开发或现有产品的变动，都应由相应的品牌经理通过严格的程序来进行管理和控制。品牌经理制的实施可以有力地推动企业管理水平的全方位提高，改善企业参与市场竞争的机制，使企业能灵活高效地适应市场的变化。企业还应及时做好品牌商标化工作，这也是企业自我保护品牌资产的根本。这就要求企业应有敏锐的抢先注册意识，善用法律手段保护自己精心培育起来的品牌，尤其应强调知名品牌的境外注册。同时，企业应对各类相近的品牌进行注册，以扩大品牌保护区域，尤其是对一些容易使消费者误认的标志或名称进行联合注册，对核心品牌筑成一张立体交叉的防护网。因为一旦品牌成为知名品牌，就会成为侵权者纷纷仿冒的对象。

五、产品生命周期与营销策略

1. 产品生命周期

（1）产品生命周期的概念。市场营销战略中最重要的概念之一就是产品生命周期。产品生命周期是指某种产品自投放市场到最后淘汰出市场的整个过程。产品一旦开发出来并投放市场之后，其生命周期就呈现出投放期、成长期、成熟期和衰退期四个阶段。尽管这些阶段有时称呼不同，但揭示的产品生命周期的内在机制是一致的。产品有明显的演进阶段，每一阶段的市场状况有显著差异。企业要在每一个阶段成功地参与市场竞争，需要有不同的市场营销战略和策略。

由于激烈的市场竞争，产品更新换代的速度很快，每种产品的生命周期并非一样，有的产品生命周期长，有的产品生命周期短；有的产品呈多样性起伏，有的产品则比较平稳。

产品生命周期各不相同，各阶段的划分也无定则，但可以借助一定的经验，用产品的年销售增长率来区分其所处的生命周期阶段。一般认为增长率小于1%为产品的投放期，增长率大于5%为产品的成长期，增长率介于1%～5%之间为产品的成熟期，增长率小于0为产品的衰退期。

（2）产品生命周期的阶段及特点

1）投放期。该阶段是指产品刚刚进入市场的时期。这一时期产品的设计与生产都有待于进一步完善，产品质量不稳定。在这一阶段，消费者对产品还不甚了解，消费者的购买行为不够踊跃，只有少量追求新奇的消费者可能尝试购买，产品的销售量很低，增长速度缓慢。由于产品在这一阶段的生产成本以及广告和宣传的费用较大，该阶段企业的利润较低，甚至存在一定程度的亏损。

在投放期，市场营销沟通方案主要为刺激初始需求设计，很少考虑不同品牌的差异。人员推销有助于向分销商和消费者宣传产品的好处，回答他们提出的问题，以减少预期的风险。这一阶段最重要的任务是通过刺激初始需求来培育市场，而不是从竞争者那里挤占市场份额。实际上，早期进入者常常欢迎其他竞争者进入市场以帮助企业培育市场。

2）成长期。成长期是产品逐渐被消费者接受，销售量迅速增长的时期。这一时期的产品设计与生产都已经趋于完善，产品质量大大提高，企业的利润大幅度增长，同时广告费用也随着产品的畅销而降低。在这一阶段，由于产品的销售状态良好，可能会出现较多竞争者。

3）成熟期。该阶段是指产品在市场上处于销售的饱和阶段。这一时期产品已成为名牌产品或老牌产品，在市场中享有较高的知名度，产品的销售量逐渐达到顶峰而趋于饱和状态，产品的成本降至最低点，企业的利润也达到最高水平。在这一阶段，竞争者大量涌现，企业间的竞争日趋激烈。由于产品特色差异化的程度减弱，分销渠道变得更为重要。阻挡竞争者的低成本和市场定位使后来者进入成熟市场非常困难，除非后来者拥有较低的进入成本或者能为消费者提供重大新利益的突破性改良产品。

4）衰退期。产品生命周期中的成熟期可以持续多年，尤其是生产上的创新允许单价大幅度下降，足以吸引消费者为追求便利和时尚而重复购买。但是，最终销售量总会下降，使产品进入衰退期。这个时期的到来可能是由于消费者需求变化导致产品过时，也可能是由于替代技术比现有产品能更好地满足消费者的需求。伴随产品总销量的下降，市场过度饱和导致激烈的价格竞争。由于市场营销在刺激需求方面不再有效，营销费用减少，勉强盈利的企业和分销商依然存在。但是在衰退阶段后期，如果存在一群忠诚的、对价格相对不敏感的消费者，而且仅剩下少数几家生产者时，经营盈利的机会仍然存在。

2. 产品生命周期各阶段的营销策略

企业应用产品生命周期理论的目的在于：缩短产品的投放期，使消费者尽快熟悉与接受产品；设法保持与延长产品的成熟期，防止产品过早被市场淘汰；对已经进入衰退期的产品应明确是尽快退出市场，以新产品代替旧产品，还是通过促销使产品的生命力再度旺盛。

（1）投放期的市场营销策略

1）产品在投放期的营销策略重点。一是加强与消费者的沟通，让消费者熟悉了解产品；二是扩大市场营销渠道，扩大产品的市场占有率；三是提高企业的经营利润。因此，企业应抓好以下工作。

①加强广告宣传。产品在投放期阶段，应该以提高产品知晓度为营销重点。但该阶段企业由于广告费用过大，会造成一定程度亏损的局面。因此，广告宣传应该有针对性，而且要注重效果。企业应注意凭借社会重大活动和通过造成广泛影响的事件，适时进行产品宣传，引起社会轰动效应，从而吸引消费者对产品的注意和激发消费者的购买热情。

②拓展产品市场。产品的市场开发是一项独立的创造活动，它不仅限于一般性的宣传，而且包括全方位扩展产品的销售渠道，通过价格策略占领市场份额或获取理想的利润等。

③进行产品质量控制。产品进入市场，消费者对产品质量的印象直接导致相应的口碑宣传，将会影响到该产品今后的发展。

因此，企业要不断改进产品的生产设计和完善其配套服务，逐步提高产品的质量。

2）产品在投放期的营销策略。在产品投放期阶段，定价和促销是两个最突出的方面，这两者相配合有四种策略可供采用。

①高价格高促销策略。该策略是采取产品高定价，企业投入较高促销费用。使用这种策略的目的是迅速扩大产品销售量，获得较高的市场占有率。它适用的市场条件是：市场上有较大的需求潜力；目标消费者具有求新心理，急于购买新产品，并愿意为此付出高价；企业面临潜在竞争者的威胁，需要及早树立名牌。

②高价格低促销策略。该策略是采取产品高定价，企业投入较低的促销费用。使用这种策略的目的是尽可能多地获取利润。它适用的市场条件是：市场规模相对较小，竞争威胁不大，市场上大多数用户对该产品没有过多疑虑；适当的高价位能为市场所接受。

③低价格高促销策略。该策略是采取产品低定价，企业投入较高的促销费用。使用这种策略的目的是使产品以最快的速度迅速打入市场，获得尽可能高的市场占有率。它适用的市场条件是：产品市场容量很大；潜在消费者对产品了解，且对价格十分敏感，潜在竞争比较激烈；产品的单位制造成本可随生产规模和销售量的扩大而迅速下降。

④低价格低促销策略。该策略是采取产品低定价，企业投入较低的促销费用。使用这种策略的目的是在以低价格使市场尽快接受新产品的同时使企业获取尽可能多的利润。它适用的市场条件是：市场容量较大；潜在消费者容易或者已经了解此项新产品，而且对价格十分敏感；有相当的潜在竞争者准备加入竞争行列。

产品投放期是产品成长的关键时期，能否顺利通过投放期，决定着产品的市场前途。因此，企业经营者应该谨慎选择产品定价以及适合企业自身条件的市场策略。

（2）成长期的市场营销策略

1）产品在成长期的营销策略重点。一是提高产品的特色与优势，二是努力寻求和开拓新的细分市场，三是开辟新的销售渠道。

2）产品在成长期的营销策略

①继续扩大广告宣传。企业在这一阶段仍然应该重视广告宣传，但是广告宣传的重点应从建立产品的知晓度转移到说服消费者购买产品上来。同时，企业要在广告宣传中提醒消费者本企业产品的特点。在这一阶段，企业还应该进行各种公关活动，努力塑造企业在社会上的良好形象，增强消费者对企业及其产品的信任感。

②提高市场占有率。产品在成长期的市场机会是最大的，但市场变化也很快，机会往往稍纵即逝。因此，企业在这一阶段应该以挖掘产品的市场深度为主，即企业要不断提高产品的质量，发展产品的品种和规模，以系列化的产品满足不同目标市场的需要；通过开拓新的销售渠道和加强销售渠道的管理，在巩固原有渠道的基础上开拓新市场；选择适当时机调整价格，以争取更多的消费者。

③努力创造名牌。成长期是企业创造名牌的最佳时期。产品要在消费者心中留下深刻的印象，必须突出产品的特色，形成自身的优势。因此，企业要进一步改变产品的生产设计和完善配套服务。

产品的成长期是企业获得利润的黄金时期。企业同时面临着高市场占有率和高利润率的选择。实施市场扩张和渗透策略会使企业暂时利润减少，但强化了企业的市场地位和竞争力，有利于维持与扩大企业的市场占有率。从长期利润观念看，企业更应该选择以扩大市场占有率为此阶段的主要目标。

（3）成熟期市场营销策略

1）产品在成熟期的营销策略重点。一是尽量回收资金；二是在保持原有产品优势的基础上，调整产品及营销组合；三是努力延长这一阶段。

2）产品在成熟期的营销策略

①回收资金。产品在这一阶段的销售增长率达到最高点，然后趋于下降，利润也开始慢慢下降，但是产品在这一阶段的销售量仍然处于较高的水平，而且成本能控制在较低的水平。此时，企业应尽量回收资金，而不应当因为此时产品好销又赚钱再进行重复性投资。因为此时该产品的市场已趋于饱和，难以吸引新的客源。

②改进产品。产品的改进主要表现在两个方面：一是质量与服务的改进，即根据消费者的反馈信息来完善产品，并以稳定、优质的服务来吸引消费者；二是对原有的营销组合因素进行调整，如进行新的市场开发，开辟多种销售渠道，采用灵活的定价策略等增强产品的市场竞争力。

③开发新产品。企业此时应当准备实行产品更新换代，以适应消费者日益变化的需求。只有新产品与老产品保持良好的衔接关系，企业才会保持生命力。

产品的成熟期是产品社会需求量最旺盛的时期，此时对企业存在重复投资的诱惑。企业的决策者应当清醒地认识到重复投资的危害。在这一阶段，企业应通过产品改革、市场改革、调整营销组合、开发新产品等措施来尽量延长这一阶段，形成新的销售高潮。

(4) 衰退期市场营销策略

1）产品在衰退期的营销策略重点。慎重选择营销策略，确定产品在什么时间、以什么方式退出市场，并应该处理好善后事宜，使企业有秩序地转向新产品经营。

2）产品在衰退期的营销策略

①集中策略。该策略是把资源集中使用在最有利的细分市场

和最有效的销售渠道上，以最有利的市场赢得尽可能多的利润。这样有利于延缓产品退出市场的时间，同时又能为企业创造更多的利润。

②维持策略。该策略是指沿用过去的策略，即保持原有的细分市场，使用相同的分销渠道、定价以及促销方式，把销售维持在一个低水平上，直到该产品完全退出市场。

③榨取策略。该策略是指大幅度降低促销水平，尽可能降低销售费用，如广告费用削减为零，大幅度精减推销人员等，虽然销售量有可能迅速下降，但是可以从忠实于这种产品的消费者中获取更多利润。

④放弃策略。该策略是指对于衰退比较迅速的产品，应该当机立断地放弃经营。放弃可以采取立即退出和逐步退出两种形式。一种产品退出后可将其所占用的资源逐步转向其他产品。

在衰退期，产品的销售量会迅速下降，勉强维持下去会使企业处于被动的局面。因此，企业的决策者此时应该果断处理产品在市场上的去与留。也就是说要尽可能地缩短产品的衰退期，以减少对企业的损失。

六、新产品开发策略

1. 新产品开发设计

（1）新产品开发的种类。由于产品存在生命周期变化的规律，加上消费需求日趋多样化和个性化，因而产品必须随市场变化而更新换代。这对于市场营销管理是一个非常重要的问题。能否研发、生产出适销对路的新产品和提供高质量的服务，直接关系到企业的生存与发展。菲利普·科特勒认为："营销计划工作面临的主要挑战之一是发展新产品的各种观念和成功地把它们付诸实施。"

新产品是指产品的构成、设施、服务和功能与老产品有着本质的不同或者有着显著差异的产品。在市场营销中凡是对产品整体概念中任何一部分进行创新和改革，从而能更好地满足潜在消费者需求的产品都属于新产品的范畴。

（2）新产品开发的意义

1）新产品开发是企业开拓、创造新市场的金钥匙。企业同产品一样，也存在生命周期。如果企业不开发新产品，则当产品走向衰落时，企业也同样走到了生命周期的终点。一般而言，当一种产品投放市场时，企业就应当着手设计新产品，使企业在任何时期都有不同的产品处在生命周期的各个阶段，从而保证企业具有开拓、创新市场的能力，并且使企业利润稳定增长。

2）新产品开发是提高企业市场竞争力的重要手段。面对日益激烈的市场竞争，企业为了保持自己的竞争优势和提高经济效益，最有效的战略之一就是产品创新，不断以新产品代替老产品。另外，企业定期推出新产品，可以提高企业在市场上的信誉和地位，并促进新产品的市场销售。因此，在瞬息万变的国内、国际市场中，在日益激烈的竞争环境下，开发新产品对企业而言，是提高企业竞争力、应对各种突发事件、维护企业生存与长期发展的重要保证。

（3）新产品的种类

新产品大致可以分为以下四种类型。

1）创新型新产品。创新型新产品是指运用现代科技手段创造出来的具有新内容的产品。这种产品能够满足消费者某种新的需求，无论对企业还是对市场而言都是新产品。例如20世纪30年代的尼龙、20世纪60年代的计算机、20世纪90年代的DVD，都是新产品。创新型新产品的研究与开发需要企业投入大量的人力、物力和财力，且产品能否被消费者与时代所选择，具有不确定性，风险较大，对于一般企业而言，推出这种新产品比较困难。

2）换代型新产品。换代型新产品是指在现有产品的基础上，部分采用新技术、新材料制成的，进行较大改革后生产的产品。例如计算机芯片从单核到双核、四核；电视机从最初的黑白电视机发展到彩色电视，再到液晶电视都属于换代型新产品。

3）改进型新产品。改进型新产品是指在原有产品的基础上，进行局部的改进，不进行重大改革的产品。如在普通的酒里面加入一些重要成分，成为保健型药酒便属于改进型新产品。

4）仿制型新产品。仿制型新产品是指企业仿造市场上已经存在的产品而生产的产品。企业在仿制产品的过程中可能有局部的改进和创新，但基本原理和结构是仿制的。仿制是一种重要的竞争策略，这种新产品在市场上极为普遍。

2. 新产品开发策略

新产品的开发是企业长期生存的必要条件，也是企业保持活力和竞争力的重要途径。通常可以采用以下几种策略开发新产品。

（1）独立研究开发策略。企业利用自己的技术优势，独立完成产品的构思、设计和生产工作。这种方法适用于技术力量雄厚的大型企业。一款全新产品的诞生，能够改变一个企业的命运，如微软的 Windows 系统。

（2）技术引进策略。企业通过引进先进技术或者购买专利等方式来进行新产品的研发。这种方式可以帮助企业节约时间，迅速缩短与竞争者之间的技术差距，为进一步发展提供保障。

（3）联合开发策略。企业之间或者企业与研发机构相互协作地进行新产品的开发。这种方式可以形成企业间的资源共享、优势互补，有利于迅速提高企业的技术水平。

模块五　定价策略运用

当企业要将其产品投入市场，或者竞争投标时，都必须为其产品制定适当的价格。价格是市场营销组合因素中十分敏感而又难以控制的因素，它直接关系到市场对产品的接受程度，影响市场需求和企业利润的多少，涉及各方面的利益。产品价格制定是否合理，策略运用是否恰当，直接关系到企业的成败。因此，定价策略是企业市场营销组合策略中一个重要的组成部分。

一、影响定价的因素

1. 产品特征

产品是企业的根本，也是企业营销活动的基础，在产品定价前，必须对产品进行具体分析。分析产品的寿命周期、产品的功能对购买者的吸引力、产品成本水平和需求弹性等。产品的最高价格取决于市场需求，最低价格取决于这种产品的成本费用。

2. 定价目标

定价目标是在对目标市场和影响定价因素综合分析的基础上确定的。定价目标是合理定价的关键，也是企业营销是否能达到效果的基础。不同企业，在不同的经营环境和不同经营时期下，其定价目标是不同的。在某个时期，对企业生存与发展影响最大的因素，通常会被作为定价目标。

（1）维持生存。如果企业面临产能过剩，或者行业竞争激烈，或者消费者对企业产品不了解，没有达到基本的市场份额，企业难以维系，生存就是企业的主要目标。为了维持企业的正常运营或者存货兑现，资金回笼，企业必须制定较低的价格，只要价格能补偿变动成本和一些固定成本，企业就可以生存。维持生存的定价目标是短期的，只能在特殊的困难时期使用，从长远看，企业必须依靠创新，提供良好的产品与服务来保持企业的活力。

（2）当期利润最大化。很多企业希望制定一个能使当前利润最大化的价格。它们估计不同价格下的需求和成本，据此选出一种能产生最大的当期利润、现金流量或者投资回报率的价格。这种过于强调当前表现的价格目标，往往容易忽视价格之外的其他因素，如竞争者的反应等，不利于企业长远的发展。

（3）市场份额最大化。一些企业希望通过定价来提高企业产品的市场份额最大化，进而取得市场的控制权。它们确信企业产品销量提高后，产品的单位成本会降低，企业能获取长期的利润回报。因此，为了实现市场份额最大化，企业会制定相应的营销策略和价格决策来提高产品的市场占有率，当具备下述条件之一时，企业可以考虑制定低价来换取市场份额的最大化。

1）市场对价格高敏感度，低价能有效刺激需求的增长。

2）产品的生产和分销成本能随着产量的增加而降低。

3）低价能减少实际和潜在的竞争者。

（4）产品质量最优化。企业可以考虑把产品质量做到最优化，把产品质量的领先作为定价的支撑，在生产和营销过程中把产品质量最优化作为指导思想，努力让企业的产品成为市场中同类产品质量最优化的领导者。高质量的产品经得起考验，容易形成品牌。提高产品的品位和地位，使消费者愿意出较高的价格购买，用高价格弥补高质量和研究开发的高成本。

3. 市场需求

在产品的最高价格和最低价格之间，企业能把产品的价格定多高，取决于竞争者同种产品的价格水平。同时，产品的定价，并不一定是低价就能提高销量，高价就会限制销售，价格与需求之间的关系，是受到商品的价格弹性的影响。所谓价格弹性，即需求量对价格的弹性，是指某一产品价格变动时，该种产品需求量相应变动的灵敏度。在以下条件下，需求可能缺乏弹性：购买者对价格不敏感，不介意高价格；市场上缺乏竞争者或者没有替代品；购买者认为要保证产品质量，价格较高是应该的；购买者属于习惯性购买，转换购买习惯较慢，也不积极寻找低价格的东西。如果在以上条件下，定低价格并不能有效地拉动企业产品的销量。

4. 竞争状态

企业定价取决于市场竞争状态。在不同市场竞争条件下，企业定价的自由度有所不同，因而企业在定价时必须对其产品的市场竞争状态予以考虑。在现代市场经济中，有四种竞争状态。

(1) 完全竞争。完全竞争又称为纯粹竞争，是一种不受任何阻碍和干扰的市场结构，是指那些不存在足以影响价格的企业或消费者的市场。它是经济学中理想的市场竞争状态，也是几个典型的市场形式之一。完全竞争的市场结构是这样的：在其中同质的商品有很多卖者，没有一个卖者能控制价格，进入很容易，并且资源可以随时从一个使用者转向另一个使用者。

完全竞争的市场在现实中是不存在的，主要用于理论分析，对于近似完全竞争状态下的市场，企业主要的竞争策略是降低价格。

(2) 完全垄断。完全垄断是指整个行业中只有一个生产者的市场结构。在现代自由市场经济条件下，除了某些政府特许的企业，这种情形很少见。从理论上讲，完全垄断的企业有完全自由定价的可能，但是现实中，会受到政府的一些干预。

(3) 不完全竞争。不完全竞争是一种介于完全竞争和完全垄断之间的市场条件下，既含有独占倾向又含竞争成分的常见状态。在这样的市场下有众多的卖方企业，它们生产的产品在质量、包装、样式等方面存在差异。企业只有依靠“差异”优势，才能主导价格，被消费者接受。

(4) 寡头垄断。寡头垄断又称为寡头、寡占，意指为数不多的销售者。在寡头垄断市场上，只有少数几家厂商供给该行业全部或大部分产品，每个厂家的产量占市场总量的相当份额，对市场价格和产量有举足轻重的影响。一个寡头企业调整价格，会影响其他寡头企业的连锁反应，因此，寡头企业之间会互相密切关注对方的策略变化和价格调整。

5. 政府的政策和法规

一定的经济政策和法规对企业定价有约束作用，因此，企业在定价前一定要了解政府对商品定价方面的有关政策和法规。如近些年国家对房地产的调控，一些城市实行汽车限制上牌等，都会对相关企业的产品价格造成很大的影响。

二、企业定价方法

1. 成本导向定价法

成本导向定价法是在产品成本的基础上，加上一定比例的量，最终形成产品的价格。这种定价方法，有利于企业维持简单再生产与进行经济核算，但是这种定价方法忽视了市场需求、竞争者等因素，因此具有一定的被动性。成本导向定价法可以分为两类：成本加成定价法和目标收益定价法。

（1）成本加成定价法。成本加成定价法是在产品成本之上加上适当的百分比进行定价。其计算公式为：

$$\begin{aligned}\text{单位产品价格} &= \text{单位产品成本} + \text{单位产品预期利润}\\ &= \text{单位成本} \times (1 + \text{加成率})\end{aligned}$$

这种定价方法计算简便，在需求与竞争相对稳定的市场环境下，可以保证企业获得适当的利润。但由于此方法只注重产品的生产成本和预期利润，忽视了市场竞争与需求状况，因而在市场环境及变动成本较大的情况下难以适用。

（2）目标收益定价法。目标收益定价法是根据估计的总销售收入和估计的销售量来制定价格的。其计算公式为：

$$\text{产品价格} = \frac{\text{总成本} + \text{目标利润}}{\text{预期销售量}}$$

在理论上，这种定价方法可以保证企业目标利润的实现，但由于此方法是以预计销售量来推算单价，而忽视了价格对销售量也会产生直接影响。故此方法适用于经营垄断性产品或具有很高市场占有率的企业。

2. 需求导向定价法

需求导向定价法是以需求为中心的定价方法，强调的是应该依据消费者对产品价值的认知和对产品的需求来确定价格，而不是以生产成本为中心制定价格。需求导向定价法主要有认知价值定价法和差别定价法。

（1）认知价值定价法。认知价值定价法是指以消费者对产品价值的认知和认识程度作为依据来制定产品价格的方法。消费者在购买产品之前，基于从产品的广告、宣传所得的信息及自身的想象，对产品价值有一个自己的理解和认知。只有产品和服务的价格符合顾客的认知价值时，他们才有可能接受这一价格。所以采用这种方法定价的关键在于利用各种手段，在心理上增加消费者对所购买产品的附加值，至少是使产品的价格符合消费者的认知价值。认知价值定价法可采取以下途径：用产品定位策略取得多数消费者的认知价格（产品定位就是企业针对某一特定目标市场，从符合顾客的价值观念、消费观念、审美情趣出发，设计与开发产品，因而企业所制定的价格也易于被接受）；重视产品特色的宣传与介绍，使消费者充分了解该产品的价值；运用品牌策略来影响与吸引消费者，从而使消费者建立对产品的品牌忠诚。这主要是因为品牌既是产品质量的象征，也是社会身份与消费个性的体现。例如，某咖啡厅临海而建，客人进入此咖啡厅可以欣赏到海边美景，而且可以在很浪漫的氛围内享受优质服务，因而此咖啡厅的咖啡价格可能高于一般咖啡厅的价格，就是采用的这种定价方法。

（2）差别定价法。差别定价法是指企业对不同的顾客、不同的时间和地点，在基本价格的基础上确定不同的价格的方法。差别定价法主要考虑不同的顾客在不同的时间和地点的需求偏好和需求强度，在需求强度高的时间和地点制定高价格，对偏好强烈的顾客也可制定高价格；反之，只有制定低价格以保持市场销量。一般来说，主要有以下几种类型。

1）顾客对象差别定价法。顾客对象差别定价法是企业按照不同的价格把同一种产品或服务卖给不同类型的顾客。由于消费者的经济收入水平不等，导致了他们对产品的价格敏感程度也大不相同。一般情况下，低收入消费者对产品价格的变动较为敏感，而高收入阶层，他们购买产品时注重其品牌、质量，对价格变动的敏感程度较低。如某些景点针对学生、老年人实行特殊的门票优惠价格，铁路部门对学生实行的学生票半价优惠，就是采用这种定价方法。

2）产品形式差别定价法。产品形式差别定价法是企业对不同形式的产品制定不同的价格，且不同形式产品价格之间的差异和成本费用之间的差额并不成比例。但一般情况下新颖的产品一般比传统的产品价格更高。

3）地理区域差别定价法。地理区域差别定价法是企业对于处在不同地理位置的产品或服务分别制定不同的价格，即使这些产品或服务的成本费用没有任何差异。如剧院，虽然不同座位的成本费用都一样，但是不同座位的票价有所不同，这是因为人们对剧院的不同座位的偏好有所不同。同样，企业在不同地点出售相同的产品或服务，企业的边际成本可能没有差别，但可以根据不同地理区域所造成的需求强度差异而制定不同价格。

4）销售时间差别定价法。销售时间差别定价法是企业对于不同季节、不同时期甚至不同钟点的产品或服务制定不同的价格。因为人们在不同的季节、不同时期甚至不同的钟点，对商品和劳务的需求程度有明显的区别，所以企业的产品可以根据不同的时间制定不同价格。

3. 竞争导向定价法

竞争导向定价法是指以同类产品的市场竞争状况为依据，以竞争对手价格为基础的定价方法。它主要表现为率先定价法、随行就市定价法。

（1）率先定价法。率先定价法是指企业采取率先定价的姿态，制定出符合市场需求的价格，并能够在激烈的竞争中取得良好的经济效益的方法。采取这种定价方法的企业，一般在某个区域内具有较强的规模与实力，在竞争中处于主动地位，能够成为当地企业的榜样。

（2）随行就市定价法。随行就市定价法是以同行业的市场平均价格为基础，来制定本企业产品的市场价格的方法。这种方法制定出来的“平均价格”在人们观念中被认为是合理价格，易于被接受，也可以避免竞争，使企业获取稳定的市场份额。有时在行业中有少数企业处于垄断地位，这些企业起着价格领袖的作用，各个中小企业为应付竞争就尾随其后，依据价格领袖的定价确定自己的价格。

三、企业的定价策略

定价策略是企业制定价格的指导思想和行动方针，同时，也为营销人员在定价中遇到问题时提供了解决问题的基本原则。因此，定价策略是总体营销策略中的重要组成部分，并决定着如何把价格同整个营销组合协调起来，以形成一个整体的营销效果。

1. 新产品定价策略

新产品刚刚投放市场时，一般没有政府的限制，也没有竞争对手，所以定价可以比较灵活，既可通过高价格来弥补开发成本，又可采取低价格限制竞争，还可采取折中价格让消费者接受。新产品定价策略有市场撇脂定价、市场渗透定价和满意定价三种策略。

（1）市场撇脂定价策略。此策略是指在产品投放市场时制定大大高于成本的价格。采取这种策略的经营者一般认为产品刚刚进入市场，替代产品较少，价格弹性较小，可以在市场上一部分消费能力较高的消费者中，树立高价值、高质量的独特产品形象。这种策略的优点在于，能使企业迅速回收产品或服务的开发费用，提高现金流量，并迅速积累资金。此外，由于最初的高价，可以使企业在竞争者涌入市场时有一个降价的空间，获得价格竞争优势。但由于产品尤其是非历史文化遗产类产品，非常易于被模仿，一旦竞争者大量进入，必然导致价格大幅下降，从而导致企业的收益和形象受到损害。例如，现在的智能手机市场，大部分手机都在做硬件拼杀，导致产品之间高度雷同，造成过度竞争。

（2）市场渗透定价策略。市场渗透策略是将新产品以低价格投放市场，目的是为了迅速占领市场，取得较高的市场份额。较低的价格还能有效地阻止竞争者进入市场，从而能在较长时间内占据市场领袖地位。采用市场渗透策略时，新产品的价格有可能高于当时的成本，但随着市场份额的不断扩大，生产规模也必然扩大，从而产品的成本可以降低，企业可以获得长远利润。采取市场渗透策略应具备两个条件：一是产品面对的消费者必须具备价格敏感性，对产品或服务的需求弹性大；二是必须保证有足够的市场需求，从而可以降低产品成本，达到规模效益。

（3）满意定价策略。满意定价策略是一种折中价格策略，它汲取上述两种定价策略的长处，采取比市场撇脂定价低但比渗透定价高的适中定价，既能保证企业获得一定的初期利润，又能为消费者所接受，因而这种价格策略确定的价格称为满意价格，有时也称为“温和价格”或“君子价格”。

2. 心理定价策略

心理定价策略要求经营者在制定产品价格时，不能只考虑消费者的理性分析，更应该关注消费者的购买心理，利用消费者的心理特征制定有利于提高利润的价格。心理定价策略主要有尾数定价策略、整数定价策略、习惯定价策略、声望定价策略和意头定价策略。

（1）尾数定价策略。尾数定价策略也称非整数定价策略，即给产品制定一个零头数结尾的非整数价格。心理学家的研究表明，消费者习惯上和心理上总是乐于接受尾数为非整数的价格。因为整数价格容易使消费者认为是概括性价格，定价不准确。一般来说，在产品定价中，定价为 299 元的产品可能比定价为 300 元的产品有更好的销量。

（2）整数定价策略。整数定价策略是指企业在定价时，采用合零凑数的方法，制定整数价格。整数定价法认为，消费者尤其是高消费水平的消费者往往将整数价格看作高质量的表现。高档品牌的商品或者奢侈品的价格通常采用这种策略。

(3) 习惯定价策略。某些产品可能在市场上已经形成了一个习惯价格，购买该产品的消费者已经习惯这种价格，不愿意接受其他任何一种价格。如果产品价格高于这一价格，消费者会认为不值；如果产品价格低于这一价格，消费者又会认为生产商降低了产品的质量。对于这类产品的定价，一般应按习惯进行定价，不宜随便改动。

(4) 声望定价策略。声望定价策略适用于那些经营时间长、在行业中居于领导地位而且声誉极好的企业。由于该企业在行业中有极高的声望，消费者按思维定式认为，该企业的所有产品都是高质量产品。所以，生产者可以利用这一心理，给产品制定高于质量水平的价格。声望定价策略尤其适用于质量不易鉴别、购买风险较大的产品，但仅限于在行业中被公众长期认可的企业采用，且不宜频繁采用，以免影响企业形象，得不偿失。

(5) 意头定价策略。这是根据消费者追求吉利、好兆头的心理，在定价时加以适当应用的一种定价策略。例如，我国消费者认为“8”“6”等是好兆头的数字，把“8”喻为“发”，把“6”喻为“禄”或“顺”。因此，企业在定价时应适当加以使用，选择一些意头好的数字，如“888”(谐音“发发发”)、“168”(谐音“一路发”)等，往往能收到较好的效果。但企业采用这一策略时应根据不同地区、不同民族的不同习俗，灵活运用这一策略。

3. 促销定价策略

促销定价策略是指在制定价格时要考虑企业促销活动的需要，使价格的制定能够为促销活动服务。常见的企业促销定价策略有价格领袖策略和专门事件定价策略。

(1) 价格领袖策略。当企业为新推出的产品进行促销时，实行大幅降价策略，在很短的时间内将价格降至成本以下以吸引消费者。其目的在于鼓励消费者大量购买产品，从而扩大新产品的知名度。但这种策略也容易使消费者对产品的质量或档次产生怀疑，并对其形成一个低档产品的印象。

(2) 专门事件定价策略。企业专门组织活动，通过价格优惠进行促销，或利用节假日时机进行价格促销。采用这一策略，必须保证企业有足够的服务设施和服务人员。

4. 交易折扣价格策略

交易折扣价格策略是在产品或服务的交易过程中，企业为鼓励消费者大量购买自己的产品或服务（如批量购买），促使消费者改变购买时间（如提前预订）或鼓励消费者及时付款（如一次性现金付款）等所给予一定的价格折让。

模块六　分销渠道策略运用

产品从生产企业到消费者的过程，是通过一定的渠道实现的，即在特定的时间、特定的地点，以特定的方式提供给特定的消费者。由于企业的选择不同，产品的分销渠道也呈现出不同的状态。

一、分销渠道的概念

分销渠道即商品流通渠道。菲利普·科特勒认为：分销渠道是指某种货物或劳务从生产者向消费者移动时，取得这种货物或劳务的所有权或帮助转移其所有权的所有企业和个人。因此，分销渠道不仅包括商业中间商、代理中间商，还包括处于分销渠道起点和终点的生产者和消费者。

具体来讲，分销渠道包括三层含义。

(1) 分销渠道的起点是生产者，终点是消费者和用户。它所组织的是从生产者到消费者之间完整的商品流通过程，而不是商品流通过程中的某一阶段。

(2) 分销渠道的参与者是商品流通过程中各种类型的中间企

业，如批发商、零售商这样的企业，他们买进产品，取得产品的所有权，然后再出售，被称为买卖中间商。还有一些中间企业如经纪人、代理人，他们积极寻找顾客，但不是取得产品的所有权，被称为代理商。在商品从生产领域向消费领域转移的过程中，会发生多次交易，而每次交易都是企业（包括个人）的买卖行为，可表示为：生产者→批发商→零售者→消费者。批发商和零售商组织收购、销售、运输、储存等活动，一个环节接着一个环节，把产品源源不断地从生产者手中送往消费者和用户手中。

（3）在分销渠道中生产者向消费者或用户转移产品或劳务，应以商品所有权的转移为前提。成功的价值创造需要成功的价值传递才得以实现，商品流通过程首先反映的是商品价值形态变换的经济过程，只有通过商品货币关系而导致商品所有权随之转移的买卖过程，才能构成分销渠道。

二、分销渠道的作用

1. 对企业的作用

（1）分销渠道是企业创造利润的途径。企业生产的产品只有通过销售渠道，进入消费领域，才能实现其价值形态。如果没有分销渠道，企业产品不能进入市场，则其价值形态实现不了，企业就谈不上获得利润，更谈不上发展。

（2）分销渠道是企业的重要资源。现代企业的生产经营活动，必须依赖于人、财、物、管理、信息、时间、市场七大资源。在这七大资源中，市场资源是重要的外部资源，是企业最难拥有与控制的一种资源，又是关系到企业生存发展的一项资源。在这一资源中，分销渠道是重要的组成部分，从某种程度上来讲是主体。

（3）分销渠道是企业节省市场营销费用，加快商品流通的重要措施。大多数企业不可能完全自产自销，这是因为企业除了生产外，如果再筹建商品分销渠道推销自己的产品，在人力、物力和财力等方面都较困难，所以分销渠道的存在，有助于企业产品流通的加快，可以节约流通环节中的人力、物力、财力，减少库存，加快资金周转。

2. 对消费者的作用

分销渠道是企业产品转化为利润的通道，也是消费者获得所需商品的途径。完善的企业分销渠道可以节省消费者选购商品的时间与精力。随着时代的发展，电子商务逐渐成为主流的商品分销渠道，完善的电子商务分销平台，能大大减少商品的流通费用，使商品流通过程中的销售成本降低，从而减轻消费者的负担；同时，由于分销渠道的存在，使其有可能聚集并经销上百家厂商的产品，花色品种齐全，使消费者可从中选购到满足自己所需的商品，从而节省了消费者的精力与时间。

三、分销渠道的类型

产品从企业到达消费者的过程中，由于受多种因素的影响，如市场特点、产品的特点、企业的自身条件、中间商以及消费者等，使得产品销售渠道的形式呈现出多样化。根据不同的划分标准，产品有许多分销渠道类型。

1. 根据是否有中间商划分

根据是否有中间商划分，可分为直接销售渠道和间接销售渠道（见表3—2）。

表3—2　　直接销售渠道与间接销售渠道

	直接销售渠道	间接销售渠道
含义	产品直接由企业销售给消费者的销售方式，中间不经过任何环节	产品通过一个或者多个中间商提供给消费者的销售渠道
特点	主要依靠企业的销售部进行产品的销售，没有其他企业介入，没有层次环节之别，结构单一，是传统的销售方式	一个企业往往有多个间接销售渠道，是企业主要的销售渠道

续表

	直接销售渠道	间接销售渠道
优势	可以使企业对目标市场进行直接有效的管理	通过中间商销售产品，提高了企业市场扩展的可能性，减少了与消费者的接洽次数，从而节省了企业的人力和物力
适用	企业的目标市场比较集中时，降低流通成本	目标市场比较分散的情况下，降低销售成本
模式	企业⟶消费者	企业⟶零售商⟶消费者 企业⟶代理商⟶批发商 零售商⟶消费者

采用直接销售渠道，可以使企业对目标市场进行直接有效的管理。一方面，企业可以直接获得目标消费者的相关信息，建立客户档案，从而更能了解消费者的需求和特点，不断完善产品，提高产品的质量；另一方面，由于中间没有经过其他环节，可以减少产品在转移过程中的负面影响，以更有竞争力的价格提供产品给消费者，从而使消费者能对企业有正确、直接的了解，有利于树立企业的形象，如消费者可以亲自考察体验产品的质量、价格，避免由于中间商的宣传和消费者的理解不同而引起的误解。

间接销售渠道根据中间环节的多少分为一级间接销售渠道和多级间接销售渠道。一级间接销售渠道是指产品通过一个中间商环节提供给消费者，多级间接销售渠道是指产品通过两个或两个以上的中间商环节提供给消费者。

2. 根据中间商的数量划分

根据产品从生产者脱手开始到消费者购买为止整个过程中所经过的中间机构的层数，即营销渠道的长度，分销渠道可以分为长渠道和短渠道。长渠道和短渠道没有一个明确的尺度划分，一般来讲，中间商层次越多，产品销售渠道越长，企业对销售渠道的控制能力越弱；中间商层次越少，产品销售渠道越短，企业对销售渠道的控制能力越强。其模式如图 3—7 所示。

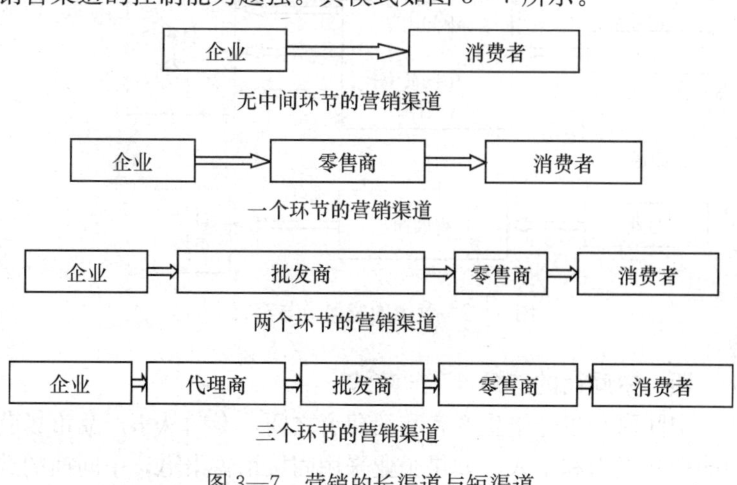

图 3—7 营销的长渠道与短渠道

3. 根据渠道的宽窄程度划分

产品销售渠道的宽度是指每个环节中，同类型中间商数目的多少，即产品销售网点的多少和分配情况。同一层次或环节的中间商越多，渠道就越宽；反之，渠道就越窄，如图 3—8 所示。宽渠道使得产品的市场覆盖面很广，企业对销售渠道的控制能力较弱，主要适用于消费者分散或大众化的产品。专业性较强或费用较高的产品的销售，主要是通过窄渠道进行销售。因为这些产品在市场上的销售面较窄，即使使用大量同类中间商，销售面也难以有效扩大，因此窄渠道的销售网点较少，企业对销售渠道成员的控制能力较强。

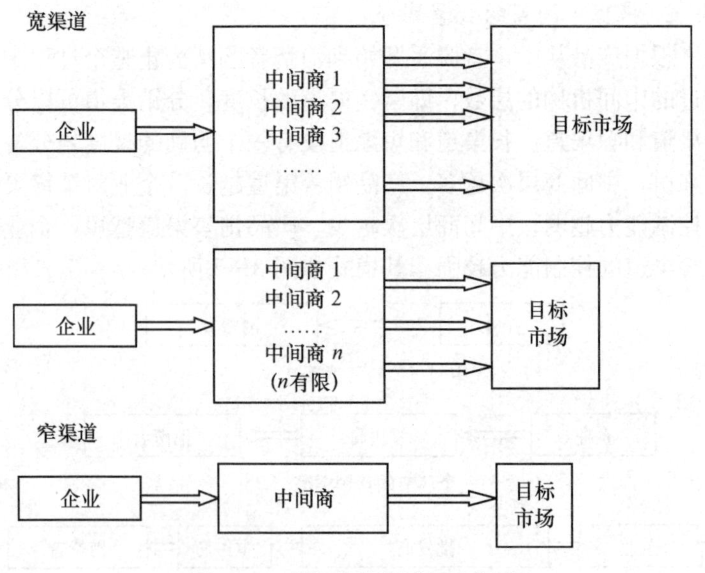

图 3—8　营销的宽渠道与窄渠道

四、中间商的选择

中间商是指介于生产者和消费者之间，专门从事产品市场营销的中介组织和个人。如果企业采用间接销售渠道，中间商的选择就显得非常重要。选择中间商主要是为了解决两个问题：一是能在恰当的时间和地点将企业的产品信息传递给目标市场；二是为消费者提供方便的购买地点和便利的销售服务。问题解决的好坏，很大程度上取决于选择的中间商的质量。

1. 中间商的类型

根据销售对象划分，中间商分为批发商和零售商。批发商不直接服务于消费者，零售商直接面对消费者从事销售业务。

根据产品在销售过程中有无所有权的转移划分，中间商分为经销商和代理商。经销商是通过预付定金或足额购买的方式批量订购产品，再直接转售或组合后销售给消费者。代理商只是接受产品生产者或供应者的委托，在一定区域内代理销售产品，不需预付定金或购买产品，对产品不具有所有权。

2. 选择中间商的原则

（1）经济性原则。选择中间商时应预测和比较由于采用中间商可能带来的收入增长与成本支出的关系，只有收入增长大于成本支出，才符合经济性原则。

（2）控制性原则。企业对所选择的中间商要有有效的控制力。在同一个地区，选用唯一中间商，即独家营销策略较好，但风险较大。选用多个中间商，风险较小，但企业对中间商的控制力又会降低。企业应利用控制的有效性原则确定中间商数目。

（3）适应性原则。适应性原则包括三个方面，一是地区的适应性，即选择的中间商的销售适应地区消费者的消费水平、购买习惯、市场环境等；二是时间的适应性，在产品导入期，企业应选择较多的中间商，在产品成熟期，企业可选择较少的中间商；三是企业对中间商的适应性，即企业与中间商有着良好的合作关系。

五、分销渠道的管理

产品分销渠道是否能够达到最终的销售目标，取决于企业对分销渠道的管理。由于分销渠道成员都是独立的企业，都有自己的经营目标，因此管理难度很大。企业如何调动中间商的积极性、主动性，减少各渠道成员之间的冲突，是产品销售渠道管理的主要内容。

1. 中间商的合作与激励

加强与中间商的合作，调动他们的积极性，是分销渠道管理的重要任务之一。中间商和企业都是相互独立的企业，中间商为了自己的经营目标，会同时推销多家企业的产品，这些产品既可以组合成综合性产品，又可以是相互竞争的产品，中间商选择什么产品取决于和企业的合作程度。因此，企业应关心和重视对中间商的优惠与奖励措施，加强与中间商的合作。首先，应维护中间商的尊严，尊重中间商的利益，加强与中间商的沟通，如有分歧，应本着友好协商的原则，以达到双赢的目的。其次，给中间商以更多的优惠，增加中间商的收入。企业可以根据中间商的营销能力、资信状况给不同的中间商以最大程度的价格优惠。最后，优惠中间商的形式要多样，方法要灵活，如减收或免收预订金、邀请中间商参加体验产品的活动、联合宣传和促销、赠送小礼品等。

2. 分销渠道成员之间的冲突管理

在分销渠道的管理中，除了加强与中间商的合作之外，企业还必须处理好渠道成员之间的冲突。由于企业经常选择多个中间商销售产品，由于各自的需要和动机不一样，中间商常常会因竞争而发生冲突。冲突一旦发生，会对整个分销渠道产生不利的影响。这些冲突既存在于分销渠道同一层次的成员之间，如为争夺客源同一层次的销售商之间的冲突；也存在于同一渠道的不同层次之间，如批发商同零售商的冲突，零售商与消费者的冲突。这些冲突是不可避免的，因此必须对冲突进行有效、合理的管理。

企业应经常了解各渠道成员的需要及满足程度。深入了解每个重要渠道成员的实际需要及满足程度，根据中间商的不同要求采取相应的措施。

分析渠道成员之间冲突产生的具体原因，积极地配合中间商解决。当渠道成员之间发生冲突时，企业不能听之任之而导致损害各方的利益。解决冲突最有效的办法是加强与各渠道成员之间的联系，定期地举办各种座谈会，把分销渠道成员聚在一起，相互沟通，消除分歧。

3. 分销渠道的效率评估

中间商选定后，并不是一成不变的。为了达到分销渠道的目标，企业在建立一整套科学的评价体系或评价标准后，要采取切实可行的办法对中间商的工作绩效进行检查与评估，要对为企业作出重大贡献的中间商予以奖励；对于绩效一般或低于企业要求的中间商，要找出原因予以补救；对于业绩特别差的中间商予以剔除，以保证渠道的效能。分销渠道的评估可以从定性和定量两个方面进行，分销渠道评估指标见表 3—3。

表 3—3　　分销渠道评估指标

定性指标		定量指标	
分销渠道成员之间的关系质量	成员之间的关系及配合程度	销售指标	销售量
	协调程度		销售额
			顾客满意率
	冲突大小		中间商销售量占企业产品总销售量的比重
	对渠道的约束能力		销售产品的时间周期
分销渠道营销能力	对客户的服务水平	费用指标	经营费用
	市场信息反馈能力		顾客管理费用
	应变能力		中介费用
	销售产品的积极性		

4. 分销渠道的调整

市场需求是变化的，为了适应多变的市场，确保分销渠道的畅通和高效，企业需要对其分销渠道进行调整。调整分销渠道的主要方式有以下几种。

(1) 增减渠道成员。这主要是从销售渠道的宽度考虑，可以增减中间商的数量，也可以在中间商数量不变的情况下，增减个别中间商。在增减中间商的过程中，要充分考虑到这种增减对产品销售的影响，也要考虑这种增减引起其他渠道成员的反应。

(2) 增减销售渠道。若增减中间商仍不能解决问题，就要考虑增减销售渠道。例如，某销售渠道的产品销售量一直不理想，而且有些渠道的作用不大，问题不是出在中间商的数量上，就可以考虑撤销这种销售渠道；或者发现现有的渠道过少，不利于企业扩大市场份额的需要，就可以另外增设其他销售渠道。

（3）调整整个分销渠道系统。当企业的销售存在严重问题时，就需要重新审视，通盘调整，改变企业的整个分销系统。这种策略实施时，对企业的影响是非常巨大的，这意味着要取消原有的所有销售渠道，重新进行销售渠道的设计，因此，采取这种策略应该谨慎。出现以下三种情况时，应对销售渠道模式进行重新设计和组建：当企业原有的渠道产生了无法解决的矛盾，造成整个销售渠道的混乱，以至无法帮助企业销售产品时；企业没有经过认真科学的分析盲目选择销售渠道，导致整个渠道无法开展有效的销售工作时；企业本身的战略目标和目标市场进行重大调整时。

以上三种方式难度依次加大，尤其是第三种方式，它将改变企业的整个分销系统，并将引起市场营销组合的一系列变化。企业的分销系统需要何种程度的调整，应视具体情况而定。

六、分销渠道的发展

随着经济的发展、环境的变化和信息技术的介入，销售渠道的形式与内容发生了深刻变革。就目前而言，营销渠道的发展呈现出三大趋势。

1. 营销渠道逐步"短化"和"宽化"

由于市场环境的变化，越来越多的企业开始注重销售渠道的重组，重新选择分销渠道，采取短宽型渠道将分销渠道"短化"和"宽化"。随着市场竞争的加剧，生产者日益关注市场，希望面对顾客，掌握市场信息，减少中间环节，降低产品价格，进行更积极的营销。

2. 渠道成员合作加强，整合市场营销渠道应运而生

传统的市场营销渠道是由相互独立的经营实体组成的，渠道成员之间的关系是"你"与"我"的关系，不是"我们"的关系，渠道成员为了各自利益的最大化，有时甚至不惜牺牲整个渠道和企业的利益，从而引发彼此之间的矛盾和冲突，导致整体利益的缩小，最终导致自身利益的损害。为了解决这种矛盾，新型

整合市场营销渠道应运而生。企业、批发商、零售商之间的关系由“你”与“我”的关系变为“我们”的关系，由“油水”关系变为“鱼水”关系，从交易型向伙伴型转变。

3. 网络营销日渐风靡

网络营销是指为实现企业的营销目标，借助互联网络、计算机通信和数字交换等系统进行的一系列商务活动。这主要包括网上广告、订货、付款、客户服务和货物递交等售前、售中、售后服务，以及市场调查分析、财务核算及生产安排等。互联网的应用使信息交换和处理变得简单和便捷，产品的生产者和消费者在网上直接进行沟通和交易成为可能。在信息技术的影响与支撑下，未来的分销渠道将充分体现快速、高效、便利等特点；供应商所提供的产品更加多样化、人性化、电子商务化，供应商市场的竞争也将进一步加剧，而消费者的选择空间更加自由、方便。

模块七　促销策略运用

成功的市场营销活动，不仅需要制定适当的价格、选择合适的分销渠道向市场提供令消费者满意的产品，而且需要采取适当的方式同消费者、中间商等进行深入的沟通。怎样进行沟通，其时间、内容、方式、效果如何，这些都是促销所要解决的问题。由于消费者不可能充分了解每个产品，加之激烈的市场竞争，企业需要通过促销向消费者传递其产品信息及能给消费者带来的利益。

一、促销策略的内涵

促销即促进产品销售，最一般的理解是“营销沟通”，是企业通过人员或非人员的方式，沟通企业与消费者之间的信息联系，引发、刺激消费者的消费欲望和兴趣，使其产生购买行为的活动。

从促销的概念可以看出促销具有以下几层含义。

1. 促销工作的核心是沟通信息

当产品和服务要进入市场时，为了让更多的消费者了解企业的产品或服务，企业需要提供本组织及产品的相关信息，并对不同的消费者采用不同的沟通方式。事实上，更为重要的是企业首先要了解消费者的需求，根据自身的特点进行定位，确定提供的产品和服务，选择合适的分售渠道和促销方式。

2. 促销的目的是引起消费者的注意，引发其产生购买行为

消费者的收入是有限的，而欲望却是无限的。在消费者可自由支配收入既定的条件下，消费者是否产生购买行为主要取决于消费者购买欲望的有无和强烈程度。消费者购买欲望与外界的刺激、诱导密不可分。促销正是根据这一特点把产品和服务的信息传递给消费者，以激发其购买欲望，促使其产生购买行为。

3. 促销方式有人员促销和非人员促销两类

人员促销，亦称直接促销或人员推销，是企业通过推销人员向消费者推销商品或服务的一种促销活动。非人员促销，又称为间接促销或非人员推销，包括广告、销售促进和公共关系，是企业通过一定的媒体传递产品或服务等有关信息，以促使消费者产生购买欲望、发生购买行为的一系列促销活动。

二、促销基本策略与促销组合

1. 促销的基本策略

促销的基本策略可分为推式策略和拉式策略。

（1）推式策略。推式策略，也称人员推销策略，是组织运用人员推销的方式，把产品和服务推向市场，即从供应商推向中间商，再由中间商推给消费者，促销重点是中间商。这种策略着眼于积极推销，重视使用人员推销，将促销活动对准销售渠道成员。

（2）拉式策略。拉式策略，也称非人员推销策略，是指组织通过非人员推销方式把消费者拉过来，使消费者对其产品和服务

产生需求，促使消费者主动向企业产品靠近，促销重点是消费者。

大多数企业会结合使用这两种策略。推式策略和拉式策略的运作过程如图 3—9 所示。

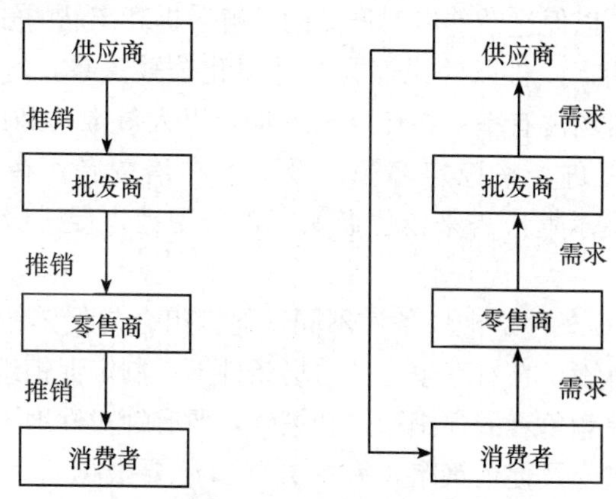

图 3—9　推式策略和拉式策略示意

2. 促销组合

（1）促销组合的概念。促销组合是企业根据产品的特点和营销目标，综合考虑各种影响因素，对人员推销、广告、公共关系和销售促进等各种促销方式的选择、搭配和运用。

（2）影响促销组合的因素

1）促销对象。促销对象主要包括大众消费者和组织购买者或中间商。广告一直是针对消费者的主要促销工具，而人员推销则主要针对组织购买者和中间商。销售促进在这两类市场上具有同等重要的程度。

2）促销目标。促销目标是企业从事促销活动所要达到的目的。促销组合和促销策略的制定，要符合企业的促销目标，根据不同的促销目标，采用不同的促销组合和促销策略。促销目标包括通过促销要解决的问题及预期的消费者的反应。促销目标是预期的结果，促销工作必须指出如何实现这一结果，促销组合必须说明使用什么促销工具来达到这一结果。

3）产品的生命周期。在产品生命周期各阶段要相应选配不同的促销组合，采用不同的促销策略。产品投入期以广告与公共关系为主，以促进消费者对产品的了解，提高产品的知名度；在产品成长期，广告以劝说性为主并强化公共关系，宣传产品特色，扩大市场占有率；在产品成熟期，以人员推销和广告为主，配合销售促进，来稳定客源，吸引潜在消费者；在产品衰退期，采用提示性广告来留住老顾客，采用销售促进吸引消费者购买。

4）市场条件。市场条件不同，促销组合与促销策略也有所不同。一方面，在有竞争者的市场条件下，制定促销组合和促销策略应考虑竞争者的促销形式和策略，要有针对性地不断变换自己的促销组合及促销策略。另一方面，还要根据目标市场地理范围的大小、市场类型以及消费者数量、集中程度而采用不同的促销策略。如果企业的目标市场小且相对集中，应以人员推销为主，以销售促进为辅；相反，规模大且分散则应以广告为主。

5）促销预算。费用是企业经营者十分关心的问题，并且企业能够用于促销活动的费用总是有限的。在达到促销目标的前提下，要做到效果好而且费用低。在确定促销预算额时，除了考虑营业额的多少，还应考虑到促销目标的要求、产品市场生命周期等其他因素。

（3）促销组合策略的制定。促销组合策略的制定一般包括以下几个步骤：确定目标受众、制定促销目标、确定促销费用、选择促销组合和控制促销活动。

促销的方式主要有广告、公共关系、销售促进和人员推销，每一种方式都有自己的优缺点。在选择促销组合时应对各种促销方式进行分析，选择最佳的促销组合。

三、促销策略

1. 人员推销策略

人员推销是最古老、最常用、最有效的促销方式。人员推销有自己的优势，特别是在建立消费者偏好、获得消费者信任和促进消费者行动时，是最有效的促销工具，但它也是成本最昂贵的营销工具之一。

（1）人员推销的概念。人员推销是企业运用推销人员直接向顾客推销产品和服务的一种促销活动，是推销人员说服消费者购买产品的过程。

（2）人员推销的特点

1）人员推销的优点

①信息传递的双向性。在人员推销过程中，一方面，推销人员通过向消费者宣传介绍推销产品和服务的有关信息，以达到招徕消费者、促进产品和服务的销售；另一方面，推销人员通过与消费者接触，能及时了解消费者对本企业产品和服务的评价。通过观察、调查，能及时掌握企业产品的市场生命周期及市场占有率等情况，并能洞察消费者的真正需求和变化趋势。

②推销目的的双重性。人员推销可以使激发需求与市场调研结合起来，可以使推销产品与提供服务结合起来，目的具有双重性。一方面，推销人员施展各种推销技巧，目的是推销产品；另一方面，推销人员与顾客直接接触，向顾客提供各种服务，目的是帮助顾客解决问题，满足顾客的需求。

③推销过程的灵活性。推销人员与顾客直接联系，经常采用一对一的方式，和客户直接沟通，可以通过交谈与观察了解顾客，进而根据不同顾客的特点和反应，有针对性地调整自己的工作方法，以适应顾客，并及时发现、解决顾客提出的问题，满足顾客的特殊要求。

④推销效果的长期性。通过人员推销不仅可以通过面对面沟通达成交易，而且可以和顾客保持长期的联系和沟通，了解顾客

对产品的意见和建议，进行有效的客户关系管理，实行关系营销。

2）人员推销的缺点

①推销成本较高，支出较大。由于每个推销人员直接接触的顾客有限，销售面窄，特别是在市场范围较大的情况下，人员推销的开支更多，增加了产品的销售成本，一定程度上削弱了产品的竞争力。

②对推销人员要求较高。人员推销的效果直接决定于推销人员素质的高低，并且随着社会的进步、经济的发展、消费者主体意识的增强，对推销人员的素质要求也越来越高。

（3）人员推销的基本形式。人员推销的形式有多种，在这里主要介绍以下几种。

1）上门推销。上门推销是一种古老的、存在时间最长的推销形式。它是指销售人员携带产品的相关资料，直接走访客户，向客户宣传企业和产品的特点，并根据客户的反应，随时了解客户的具体要求，不断调整销售策略，恰当地选择时机，达成交易。

2）营业推销。营业推销包括柜台推销和电话推销等，是指企业内部销售人员在办公室接待客户，用电话或其他通信工具与客户联系洽谈业务。根据内部营销的概念，他们以语言、行为介绍或展示产品与服务，回答顾客的咨询，满足顾客的需求。服务的过程就是推销的过程。

3）会议推销。会议推销是指企业利用各种会议向与会人员宣传介绍本企业和产品，开展推销活动。例如，在订货会、交易会、新闻发布会上推销产品都是会议推销。会议推销接触面广，群体集中，成交量大，推销效果好。

（4）人员推销的工作步骤

1）寻找顾客。寻找顾客是人员推销的第一步，推销人员（经常称为销售代表）必须做一些探测和研究，以找到最可能的业务来源。有很多方法可以用来寻找顾客，如地毯式访问法、连锁介绍法、个人观察法、市场咨询法、资料查阅法等。可以利用供应商、中间商、其他企业、电话簿、行业团体、报刊等来寻找顾客。寻找顾客的目的是找到准顾客。准顾客是指既有消费欲望，又有能力购买产品的个人或组织。并不是所有的准顾客都值得追求，还要对顾客进行资格审查，对准顾客进行分类，明确推销对象，提高推销效率。

2）推销准备。推销人员在推销之前，必须进行充分的准备。推销准备主要包括两方面的工作。第一，尽可能多地了解客户的基本情况和要求，做到有的放矢。如了解哪些人参与购买决策过程，购买决策过程中的角色，他们的性格和购买方式，哪些产品的特点可能对他们更有吸引力等。第二，接近客户，包括选择接近的方式，拟定推销时间和线路安排，预测推销中可能出现的问题，准备好推销材料。一般客户都不欢迎推销人员来访。推销人员要掌握一些约见客户的技巧，可以先打电话或通过信函等形式预约客户，事先征得客户同意。在客户同意接见后应做好详细的准备，带好企业的基本资料、产品的介绍资料、价目表、合同文书、钢笔、名片，避免因为细节的疏忽而导致失败。

3）访问顾客。访问顾客时推销人员必须明确第一印象的重要性。注重仪表和谈吐，应该亲切、自然、自信、专业，给客户留下好的印象。在推销中不要急于求成，要在交谈中收集顾客信息，了解顾客需求，灵活运用各种接近技巧，如介绍接近、产品接近、利益接近、好奇接近、问题接近、搭讪接近等。注意不要滔滔不绝地讲个不停，要善于倾听，更要善于提问。通过用心倾听和恰当提问来把握客户的需求。推销人员要根据客户的需求进行销售展示和示范，通过展示的一些事实和相关信息，以证明产品和服务可以满足准客户的需要和解决他们的问题。在展示的过程中，可借助精美图册、说明材料、光盘、照片及其他宣传纪念品进行介绍，但主要还是通过推销人员生动地描述，将企业的产品和服务的功能、特征、实用价值和利益等传递给客户。

4）处理异议。在访问面谈的过程中，客户往往会提出各种购买疑问或反对意见，推销人员应随时准备应对客户的异议。推销人员产生异议是正常的，可能是由于信息不完备，可能出于私人感情原因，也可能是想通过种种挑剔来得到理想的价格折扣。客户的异议一般通过发问、情绪和其他形体语言表现出来，这些异议可能是客户购买的抗拒，也可能显示购买的兴趣，也可能是仅仅想知道多一些。推销人员应该分清客户的异议，对不同的异议采取不同的处理策略。对仅仅是发牢骚的客户应认真倾听，表示对客户的尊重；当异议无法当场解决时，可以向客户承诺解决的时间，为下次的拜访预约时间；对于一些无法解决的异议，可以转移话题，回避要点，淡化客户的注意力；对于一些异议，可以用引例法、逆转法、资料转换法，来引导客户的思路，通过事实说明或利用产品的其他优势来弥补。通过采用上述方法技巧，最终说服顾客，促成交易。

5）建议成交。建议成交是整个推销中的关键步骤，推销人员应该学会把握成交的时机，判断客户购买的信号，掌握完成交易的方法。客户在有了购买欲望时，往往会发出许多有意或无意的信号，这些信号一般通过客户的语言或行为表现出来，有的很明确，有的可能一闪而过。在语言上，如客户不断地询问有关价格的优惠条件，要求详细说明产品的特点及相应的服务，对竞争者的产品表示不满或对上次的购买经历有抱怨，这都是常见的购买的语言信号；在行动上，当客户主动拿起电话叫具体操作人员，有诚意的握手，起身敬酒，特别告知手机号码，展示活动计划，这些都是常见的购买的形体语言信号。推销人员必须善于观察，判断客户的购买信号，把握成交的时机，以完成交易。完成交易的方法有很多，如可以通过肯定式提问法、选择式提问法、假定式提问法、帮助顾客分析法等帮助客户下定决心购买。成交的策略有很多，需要推销人员在实际工作中不断地积累经验。

6）客户管理。成功地完成销售后，销售工作并没有结束，相反，这是再一次对准客户进行销售的开始。现在行业竞争非常激烈，开发新客户是保留老客户成本的数倍。这需要企业与客户建立长期合作关系，树立关系营销观念，进行客户关系管理；需要为每一个客户建立档案，客户档案应有客户的基本资料、特征和交易信息；要定期地回访客户，了解客户的看法和出现的问题，帮助客户解决实际问题，积极处理好投诉，与客户建立长期稳定的良好关系，促使客户连续、重复购买；还要对客户进行分析、分类，对不同类别的客户采取不同的策略，让客户满意。树立消费者对产品的安全感和信任感，利用顾客的间接宣传和辐射传导作用，争取更多的新顾客。

知识链接

推销人员的素质

人员推销是一个综合的、复杂的过程。推销人员的素质，决定了人员推销活动的成败。推销人员应该具有亲和力，善于从顾客角度考虑问题，并使客户接受自己；推销人员应该有自信力，让顾客感到自己的购买决策是正确的；推销人员应具有挑战力，具有视各种异议、拒绝或障碍为挑战的心理，愿意接受挑战；推销人员应具有自我驱动力，即具有完成销售任务的强烈欲望；推销人员还应踏实、认真地去完成工作，解决客户的问题。此外，优秀的推销人员还应具有热情、坚定的品质，良好的个性和沟通能力，丰富的专业知识和良好的职业道德。

2. 广告策略

广告是指广告主以付费的形式通过媒体做公开宣传，达到影响消费者行为、促进相关产品销售目的的非人员促销方式。广告以其大众化、重复性和表现力而成为一种富有大规模激励作用的信息传播技术，可以将一个明确的信息在很短的时间内传达给更多的人。

（1）广告的概念。广告是指企业作为发起者，以公开付费的做法，通过各种媒体向目标市场的公众传播产品或企业的有关信息，以扩大影响和提高知名度、树立企业形象的一种促销形式。

（2）广告的特点

1）广告是以广大消费者为对象的大众传播活动。

2）广告以传播产品或企业有关经济信息为其内容。

3）广告是通过特定的媒体来实现的，并且广告主要对使用的媒体支付一定的费用。

4）广告的目的是为了促进产品销售，进而获得较好的经济效益，其作用是长期的、潜移默化的。

（3）广告的分类。依据不同的标准，广告可分为不同的种类。根据广告的内容和目的可以把广告分为以下几类。

1）产品广告。它是针对产品销售开展的大众传播活动。根据产品广告的沟通对象和销售目标的不同，产品广告可分为三种类型。

①开拓型广告。开拓型广告又称为报道型广告或告知型广告，以激发顾客对产品的初始需求为目标，主要介绍刚刚进入投入期的产品。通过介绍新产品、新服务项目，告知产品可能给消费者带来的利益等，激发潜在消费者的初步需求，宣传企业产品和企业形象。

②劝导型广告。劝导型广告又称为竞争性广告，以激发顾客对产品产生兴趣、增进“选择性需求”为目标，对进入成长期和成熟前期的产品所做的各种传播活动。此时，由于竞争者的不断增加，市场竞争日趋激烈，采用劝告型广告有利于培养消费者对某种品牌产品的偏好。

③提醒型广告。提醒型广告又称为备忘型广告，是对已进入成熟后期或衰退期的产品进行的广告宣传，目的在于提醒顾客，使其产生“惯性”需求。通过提醒型广告，用于提醒消费者对产

品的记忆，不断强化在消费者心中的形象，促使意欲购买者完成购买行为，刺激老顾客重复消费的欲望。

2）企业或企业产品广告。企业或企业产品广告又称为商誉广告，着重宣传、介绍企业名称、企业精神、企业概况等有关企业信息和企业商品的特点、优势等情况，其目的是提高企业和企业产品的声望、名誉和形象。

3）公益广告。公益广告是用来宣传公益事业或公共道德的广告，它的出现是广告观念的一次革命。它能够实现企业自身目标与社会目标的融合，有利于树立并强化企业形象。

（4）广告媒体。广告媒体又称为广告媒介，是广告主与广告接受者之间的连接物质。广告必须通过选择合适的媒体进行发布，才能达到广告的目的。广告可利用的媒体分为两大类：一类是付费租用的大众传播媒体，主要包括报纸、电视、广播、杂志、户外广告、直邮广告媒体等；另一类是广告主自己购买制作的媒体，包括自办宣传物、宣传品等。

1）报纸。报纸是企业广告的主要媒体，它具有以下优越性：影响广泛，发行量大，是传播的重要工具；传播迅速，大部分报纸每天都发行，接触广告的频率几乎就等于报纸发行的次数；简便灵活，制作方便，费用较低；具有有形性，便于剪贴存查；可以传播详细的信息。专题形式的整版广告可以对企业的商品进行全面报道。

报纸存在自身的缺点：内容庞杂，印刷不精美，吸引力低，生命周期较短，重复性差。

2）杂志。杂志以登载各种专门知识为主，是各类专门产品的良好广告媒体。

杂志具有以下优点：广告宣传对象明确，针对性强，有利于企业对准自己的目标市场；较长的生命期和较好的传阅率；威望和可信度较高；杂志读者一般有较高的文化水平和生活水平，比较容易接受新事物，故利于刊登开拓性广告，也可以传递详细的信息；印刷精美，能较好地反映产品的外观形象，易引起读者注意。

杂志存在一定缺点：发行周期长，灵活性较差，传播不及时；杂志的接触面较窄，读者较少，传播不广泛。

3）广播。广播可以在全国进行播放，也可以对当地播放。广播的广告赞助组织可以选择购买节目的间歇时间做广告，也可以选择赞助某个节目，在节目中播出自己的广告。

广播具有的优点：传播迅速、及时；制作简单，制作时间较短，费用较低；具有较高的灵活性；传播面广，也可以有细分的传播受众。

广播的局限性：时间短促，转瞬即逝，不便记忆；有声无形，印象不深，不便存查。

4）电视。电视是最重要的广告媒体。电视传播的范围广，它集声音、图像、色彩、动感于一体，可以最真实、最直观地传递信息，所以通常被认为是最有效的广告媒体。

电视的优点：电视有形、有色，视听结合，使广告形象、生动、逼真，感染力强；电视已成为人们文化生活的重要组成部分，收视率较高，使广告的宣传范围广，影响面大；宣传手法灵活多样，艺术性强，具有较好的劝导效果。

电视的缺点：时间性强，传递的信息瞬间即逝，观众在出现广告时往往切换频道；制作复杂，费用较高；因播放节目繁多，易分散对广告的注意力；不能传达详细的信息。

5）户外广告。户外广告的形式灵活多样，如公交车和出租车车身上的广告，地铁车厢内和地铁站内的广告，机场、火车站、汽车站、停车场的电子显示屏、气球、标幅，路边和建筑物上的广告。户外广告在企业宣传中发挥着重要作用。

户外广告具有五大优点：高接触性和高频率，具有地理选择性，不杂乱，较长的生命周期，制作成本相对较低。

户外广告存在一定缺点：阅读人群很难确定，表达能力有局限，需要相当长的运作时间，缺乏威望。

6）电子广告。随着科技的发展、互联网的普及，电子广告也越来越多。电子广告主要是在网络搜索引擎、各种网站插入的一些小型广告条幅，在用户登录网页时吸引注意，还有些广告页在操作过程中会自动弹出。电子邮件和手机短信，也是电子广告的一个发展方向。电子广告发展潜力巨大，可以以较低的成本瞄准目标人群，具有较好的互动性。电子广告的缺点是缺少针对性和人性化。

7）邮寄广告。邮寄广告是企业直接将印刷品等宣传资料邮寄给客户。这些资料包括产品手册、明信片、挂历广告、通知函、定期或不定期的业务通信等。邮寄广告是广告媒体中最灵活的一种，也是最不稳定的一种。

邮寄广告的优点在于：有很强的群体选择性，有较高的自由和弹性，高度的个性化，能够测量客户“响应”程度，较低的成本和较短的运作时间。

邮寄广告的不足之处是：可能被当作“垃圾邮件”，被丢弃率较高，总成本并不低，创新形式有局限性。

（5）广告策略的实施。企业在运用广告进行促销时，必须进行精心的策划，才能发挥广告的作用。广告策略的实施主要包括以下几个步骤。

1）确定广告目标。广告目标是指一个特定时期对特定传播对象所要完成的特定的传播任务。广告目标决策是决定整个广告成功与否的关键，既是整个广告活动的方向，又是衡量广告效果的重要依据。开拓型广告是为了宣传新产品，吸引公众的主意；劝告型广告的目的是引起消费者的兴趣，邀请消费者接收产品的信息，让消费者的兴趣转变为购买的欲望，并结合其他媒体加强消费者的购买欲望；提醒型广告的目的在于强化产品形象，促使顾客重复购买。广告目标的确定取决于产品和市场定位的情况，最基本的目标是达成促销，但不能忽略市场定位和产品定位。

2）编制广告预算。制作广告宣传方案必须充分考虑成本因素，编制每种广告产品的预算。编制广告预算的常用方法主要有：量入为出法（根据企业目前的财务支付能力确定广告预算），销售百分比法（根据目前或预期销售额的一定百分比来确定广告预算），竞争对等法（根据竞争对手所用的广告费用或行业平均广告费用确定广告预算），目标任务法（根据完成广告目标任务所需要的广告开支估算数来制定广告预算）。估算广告宣传成本经常使用“每千人成本估算法”，就是每传播给一千个目标消费者需要的成本。

广告预算包括广告调查、分析、策划费用，广告设计、制作费用，媒介发布费用，广告人员的行政经费和广告活动的机动经费。在编制广告预算时，还要考虑产品所处的生命周期阶段、竞争状况、市场份额、广告频率和产品差异等因素。

3）设计广告。广告活动的有效性远比广告花费的金额更重要。广告的创意、策划要能引起消费者的购买欲望，达到消费者购买的目的。设计广告时，要考虑如何能在最短的时间内让消费者接收到最有效的信息。这就要求对信息进行筛选，找出最具有吸引力和竞争优势并能刺激消费者的信息，作为广告的主要内容，并以恰当的形式表达出来。大部分的中型和大型企业使用代理机构做广告。一般比较昂贵的广告宣传都是由专门的广告设计人员制作完成的。在设计广告时要有真实性、社会性、针对性和艺术性。广告的内容要有说服力，广告的特色要鲜明。

4）选择广告媒体。由于广告媒体多种多样，所以做出这一选择相当困难，主要根据以下几个因素来选择。

①消费者接触媒体的习惯。能使广告信息传到目标市场的媒体是最有效的媒体。

②媒体的传播范围和影响力。面向全国的产品，应以全国性的报纸、杂志、广播、电视等作为广告媒体；面向地方性的产品，可通过地方性报刊、电台、电视台、霓虹灯等传播信息。

③媒体的费用。各广告媒体的收费标准不同，应注意其相对费用，即考虑广告促销效果。

5）选择广告的时间。如果没有广告预算的限制，许多企业都想一年到头做广告，但只有极少的企业有这样的经济实力，所以要考虑广告时间的选择——何时设置广告、频率怎样。常见的时间安排有间歇性安排（广告安排在几段特定的时间），集中性安排（广告被集中安排在计划期的特定部分，其他时间并不安排）和持续性安排（广告在整个计划期内持续地进行）。

6）评估广告效果。广告界经常说，他们有一半的广告都浪费了，但并不知道浪费的是哪一半。评估广告的实际效果是困难的，但并不是说不花钱做广告宣传也能有同样的销量。由于影响销售的因素很多，所以很难准确地说出广告和销售量到底有多大的关系。广告效果经常利用事后检测来评估。例如，可以对触及面（有多少潜在客户看到了广告）、制作效果（客户对广告感觉如何）、沟通效果、目标客户的行为、销售额、市场份额或利润等进行测量。这里列出两个简单的计算方法作为参考。

当广告宣传的产品是新产品时：

广告效益=(广告后销售量－广告前销售量)×单位产品利润－广告费用

当被广告宣传过的产品继续做广告时：

广告增长比率＝销售额增加率÷广告费用增加率×100％

3. 公共关系策略

公共关系是指某一组织为改善与社会公众的关系，促进公众对组织的认识、理解及支持，达到树立良好组织形象、促进产品销售的一系列促销活动。公共关系既是一种状态，任何一个企业或个人都处于某种公共关系状态之中，又是一种活动，当一个企业或个人有意识地去改善自己的公共关系状态时，就是在从事公共关系活动。

（1）公共关系的特征。公共关系由主体、客体、手段三大要素构成。公共关系的主体是各类组织，客体是公众，手段就是信息传播。公共关系的公众包括消费者和潜在消费者、员工和员工的家庭、股东和所有者、竞争组织、关联企业（批发商、代理人、供应商、咨询机构等）、行业团体、当地社区、政府、媒体、金融机构等。公众具有促进和阻碍组织达到其目标的能力，组织应该采用具体的步骤来处理与它有关的公众的关系。

公共关系实质上就是一定社会组织与其相关的社会公众之间的相互关系。公共关系的目标是为组织广结良缘，在社会公众中树立良好的组织形象和获得良好的社会声誉。公共关系活动以真诚合作、平等互利、共同发展为基本原则。公共关系手段就是信息传播，是组织与相关的社会公众之间的一种信息交流活动。通过信息沟通，建立相互之间的理解、信任与支持，协调和改善组织的社会关系环境。公共关系是一种长期活动，致力于平时努力，着眼于长远打算，需要连续的、有计划的努力。

（2）公共关系的作用。公共关系是一种重要促销手段，许多组织一直忽视公共关系的作用。近几年，由于广告的成本持续上升和作用的下降，人员推销的花费很高但接触面却狭窄，销售促进的成本也随渠道中间商议价能力的增强而上升，公共关系的优势逐渐被许多组织所重视。公共关系常被误解为“搞关系”，但它可能是最有效的沟通手段。对新闻事件、出版物、社交活动、社区关系及其他公益事业活动的创造性运用，可以为企业提供一条使它们自身及其产品区别于其他竞争对手的途径。由于产品生产与消费的同步性、无形性、不可存储性、不可转移性和综合性等特点，导致在营销中，公共关系具有更迫切的需要、更显著的优势和更广阔的施展空间。

公共关系的作用主要表现在以下方面。

1）塑造正面的“公众”形象。公共关系的主要功能就是与相关的公众建立并保持一种持续的、正面的关系。通过公共关系，可以使消费者和潜在消费者了解和信任组织，做到相互沟通，彼此信任，互促互进；通过公共关系，可以及时向员工传达组织的政策、决策、指令和意向，向各级部门反映员工的建议和要求，提高员工的服务意识和参与管理的热情，取得员工家庭成员的积极支持；通过公共关系，可以与媒体记者和其他媒体相关人员保持密切的工作关系，以保证媒体适时进行积极的宣传；通过公共关系，可以使政府支持组织的发展，推动法律法规的制定实施等。

2）处理和消除负面影响。公共关系的另一个主要功能就是处理负面的宣传，尽量减少不利宣传的影响。在组织的经营过程中，不可避免地会遇到一些由于工作的疏忽或其他原因而产生的特殊情况，例如产品出现问题、劳资纠纷等。这些突发事件都会导致反面宣传，给组织的信誉带来不良的影响。公共关系有正面推动和反向抵制的两面性，当面对反面宣传时，必须充分听取公众的意见，认真查清事实真相，与公众进行必要的沟通，相互之间达成谅解，从而妥善解决矛盾，维护组织的信誉和形象。

3）沟通信息，促进产品销售。公共关系的另一个作用就是向相关公众介绍组织及其产品，并诱发顾客购买产品的冲动。组织可以通过开展多种多样、丰富多彩的公关活动，寓教于乐，吸引更多的公众参与，增进公众对组织和产品的了解，引起兴趣，激发购买欲望。有效的公共关系使公众更容易接受这些信息，这也为广告、人员推销和销售促进提供了帮助，增加促销的效果。

(3) 公共关系的方式

1）利用新闻宣传和公开出版物。发现和创造对组织、产品和人员有利的新闻，争取宣传媒体录用新闻稿和参加记者招待会；利用各种传播材料（年度报告、产品手册、邮政卡片、文章、视听材料、商业信件和杂志）去接近和影响其目标；组织负责人经常通过宣传工具圆满回答各种问题，并在产品交易会、产品研讨会等会议上演讲。这些活动可以吸引公众对组织的关注和了解，对树立组织的形象、扩大产品的销售具有重要的影响。

组织要做好新闻宣传，一是要善于发现组织中的新闻素材，二是要善于“借势”，三是要善于“造势”去制造新闻。有的组织通过记者在报纸或期刊上撰写组织的事迹，利用组织外部的媒体进行宣传；有的组织自办杂志或报纸，宣传组织的经营历史、有关活动等。这些都需要公共关系人员善于发现新闻素材。例如，组织经营管理的突出成绩或经验，杰出的员工，各种庆典活动、特别事件，促销活动，名人关注和消费的产品，都可以进行报道。“借势”就是组织利用公众所关心的事件，来达到给自己的企业做宣传的目的。如在节假日、消费者权益日等进行相关的活动。“造势”就是针对组织发生的事件，通过人为的作用，使之具有新闻价值，从而形成新闻宣传。

2）举办专题活动。组织可以定期或不定期地组织一些主题活动，来扩大其社会影响，提高声誉。这些主题活动包括赞助、展览会、联谊活动、周年庆典和特殊节日庆典、竞赛、座谈会、研讨会等。

组织通过赞助体育、文化和高度相关的事业，推广其品牌和组织名称；通过参加或举办专题展览会，吸引企业和消费者；通过开放参观，让社会各界了解和体验组织的产品；通过联谊活动，增进内部员工和外部公众的感情交流；通过周年庆典和特殊节日庆典，吸引公众的注意力；通过研讨会，吸引关注，提高行业影响力。

3）参加或举办社会公益活动。组织可以通过向某些公益事业捐赠一定的金钱和提供一定的服务，以提高其公众信誉。社会公益活动包括对当地经济社会发展有价值的活动或向慈善事业捐钱、提供免费服务，参加并支持企业发展的活动。

4）开展游说活动。由专业人员直接面对特定的公众，利用充分的理由和娴熟的谈话技巧，使他们或改变初衷，或与说服方保持一致。

5）听取和处理公众意见。组织应积极收集公众对其产品的意见及建议，并尽可能及时将改进后的情况告诉公众，并予以感谢。

6）建立组织内外良好的关系。组织应和相关公众建立一种良好的关系，如行业协会、政府、媒体、员工及其家属、股东及其他所有者，这是一种交际性的公关。

4. 销售促进策略

销售促进，又称为营业推广，是人员推销、广告和公共关系以外的，用以增进消费者购买和交易效益的促销活动，如陈列、展览会等非常规的、非经常性的销售活动。销售促进是营销活动的一个关键因素，它包括各种多数属于短期性的刺激工具，用以刺激消费者和经销商迅速或大量地购买某一特定产品和服务。

（1）销售促进的概念。销售促进是指企业在某一特定时期与空间范围内通过刺激和鼓励交易双方，并促使消费者尽快购买或大量购买产品而采取的一系列促销措施和手段。由此可见，销售促进主要是为了解决一定时间和空间范围内需求不足的问题而进行的扩大产品销售的活动。销售促进的对象可以为消费者、中间商和销售人员。针对消费者的销售促进方式有赠品、优惠券、奖励、减价、累积积分、竞赛、抽奖等；针对中间商的销售促进方式有销售折扣、免费奖励、促销津贴、合作广告、推销奖励、会员制等；针对销售人员的销售促进方式有比例分成、销售竞赛、免费提供培训等。

（2）销售促进的特点

1）短程高效性。广告和公共关系一般用于建立和巩固品牌形象，销售促进适合于在一定时期、一定任务的短期性的促销活动中使用。销售促进可以有效地加速产品进入市场的进程；增加产品的销售，提高销售额；有效地抵御和击败竞争者的促销活动；带动关联产品的销售。销售促进效果立竿见影。

2）灵活多样性。销售促进的方式多种多样，能从不同的角度吸引有不同要求的产品购买者和消费者。有针对消费者的赠送纪念品、价格折扣、特殊服务等销售促进；有针对中间商的批量折扣、现金折扣、特许经营、联营促销、提供招贴画和小册子、推广津贴等销售促进；有针对推销人员的红利提成、推销竞赛、销售集会等。企业可根据产品特征和市场环境灵活选择和组合运用。

3）辅助性即非常规性。人员推销、广告和公共关系都是常规性的促销方式。而多数销售促进方式则是非常规性和非经常性的，只能是一种补充促销方式。有些方式显现出产品急于出售的意图，容易造成顾客的逆反心理。如果使用太多或使用不当，顾客会怀疑产品的品质或价格是否合理，造成“劣质产品”的印象。营业推广一般不单独使用，常常配合人员推销、广告等其他促销方式使用。

（3）销售促进的方式。常用的销售促进方式很多，可根据销售促进的目标、竞争状况以及每一种方式的成本与效果选择合适的方式。

1）针对消费者的销售促进

①免费赠送。免费赠送是组织向消费者免费赠送某种特定物品或利益。该方式可以鼓励消费者消费，也可以获取消费者对产品的反应，刺激和吸引强度最大，消费者非常愿意接受。

②价格优惠。价格优惠是组织以低于正常水平的价格出售产品，使消费者可以购买到特定的产品或获得利益，如折价卡、折扣优惠、赠券等。

③顾客酬谢。顾客酬谢是指对经常购买企业产品或服务的顾客给予现金或其他形式的酬报。例如大多数航空公司都提供常飞计划，对乘机旅行的里程进行点数奖励，这种点数可以转换成免费的或升级的乘机旅行、出租车租赁和客房服务。

④竞赛、抽奖和游戏比赛。通过举办竞赛、抽奖和游戏比赛，给消费者以赢得某种东西或参加比赛的机会，以吸引消费者。

⑤提供赠品。赠品是以较低的价格销售或免费提供的物品，

用以刺激消费者购买某种产品。

⑥充分利用销售现场资料。销售现场资料包括在产品销售现场进行陈列的各种资料和演示。这些资料包括橱窗陈列、墙壁陈列、广告牌、柜台卡、产品手册、光碟等。如在交易会上，企业大都陈列了产品手册、光碟等许多资料，还会制作许多模型，举行相关演示。

2）针对中间商的销售促进

①提供购买折扣。购买折扣是企业为刺激、鼓励中间商大量购买产品，对第一次购买和购买数量较多的中间商给予一定的折扣优待。折扣可以直接支付，也可以从付款金额中扣除，还可以赠送商品作为折扣。

②资助。资助是为中间商提供陈列物品、支付部分广告费用等补贴或津贴。中间商陈列本企业的物品，企业可免费或低价提供；中间商为本企业产品做广告，企业可资助一定比例的广告费用。

③提供经销奖励。经销奖励是企业对销售本企业产品有突出成绩的中间商给予奖励。经销奖励能刺激经销业绩突出者加倍努力，也有利于诱使其他中间商为多经销本企业产品而努力，从而促进产品销售。

3）针对销售人员的销售促进

①提供销售红利。销售红利是对在一定时间内超额完成销售指标的销售人员按一定比例提成，获得一定的红利，以刺激销售人员的积极性。

②开展销售竞赛。销售竞赛是在所有销售人员中进行销售比赛，对销售产品出色或销售额领先的销售人员给予奖励。

对销售人员常用的销售促进方式还有完成任务或其他业绩的奖金、礼品、免费提供培训等。

第四单元　网 络 营 销

21 世纪展现在人类面前的是一个以数字化、网络化、信息化为特征的信息时代。经济全球化与网络化已经成为一种融合互动的发展潮流，信息技术革命正在加快世界经济结构的调整与重组，根本改变着企业生存和发展环境。近年来，电子商务发展很快，如网上出版、网上贸易、网上银行等，几乎涉及商贸、金融活动的全部内容，网络营销也随之成为企业经营的新式必备武器。

模块一　网络营销的基本概念

一、网络营销的含义

网络营销（network marketing）是指利用网络通信技术进行营销的一种电子商务活动。随着互联网和电子商务应用的迅速普及，网络营销也迅速兴起并快速发展，且成为电子商务加速推广的重要推动力。

全球电子商务营业额 1997 年为 106 亿美元，2012 年突破 1 万亿美元，根据 eMarketer 预计，2013 年全球电子商务营业额将达到 1.3 万亿美元，这为网络营销提供了广阔的发展空间和市场需求。随着安全性、保密性等问题得到解决，网络营销将会有更快的发展。网络营销不仅会改变传统营销方式，还会改变人们的生活和工作方式。图 4—1 即为网络营销的应用层次。

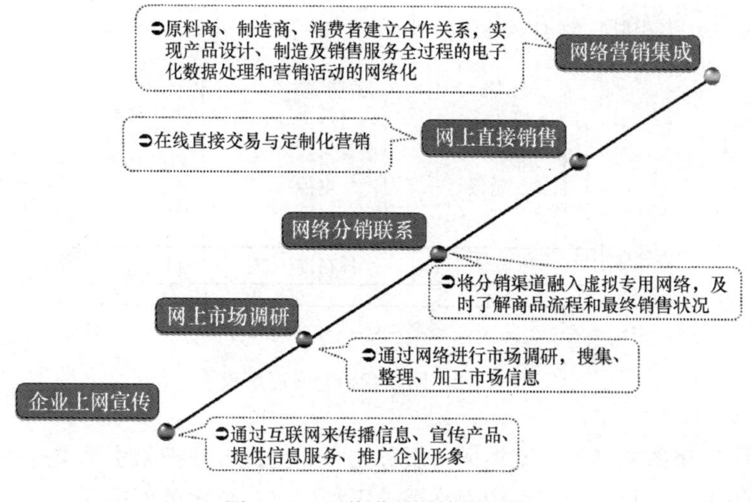

图 4—1　网络营销的应用层次

二、网络营销的发展

从网络营销依托的网络载体来看，网络营销的发展经历了门户时代、搜索引擎时代、社区互动时代，如图 4—2 所示。互联网的发展促进网络服务内容不断推陈出新，网民的网络需求也不断向个性化和细分化方向发展。依托于互联网的网络营销的营销理念发生了根本性的变化，其营销平台和方式也越来越多样和丰富。

1. 门户时代

在 20 世纪末期的“眼球经济”时代，网络营销方式主要以品牌网络广告为主，此时门户类网站成为通栏、按钮、文字链接等广告的主要投放平台，广告主更多地追求广告投放覆盖的广泛性，而用户只能被动地接受。这种营销方式属于花大钱、撒大网的形式，导致高投入、低产出的局面。

2. 搜索引擎时代

此后随着搜索引擎在技术和使用上的快速发展，使其成为网

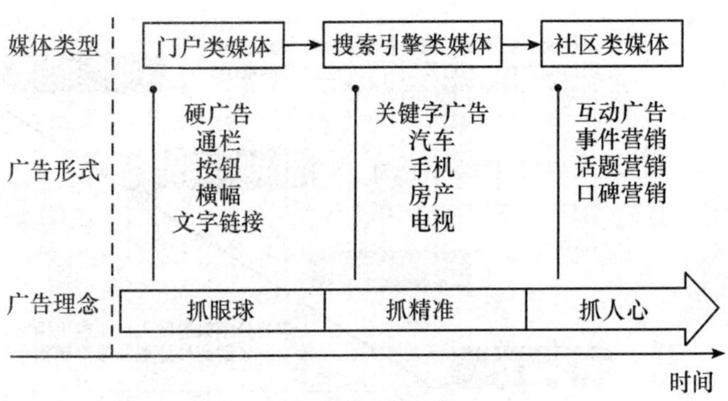

图 4—2　网络营销的发展历程

民使用率最高的基础性网络服务之一，由此导致搜索引擎类媒体的迅速崛起。而网民的网络需求更加明确，更多的网民开始主动地搜索所需要的信息，搜索引擎成为网民登录网络的主要入口。因其精准和快速的特点，使得搜索引擎媒体成为广告主青睐的重要网络营销平台。

3. 社区互动时代

随着 Web 2.0 概念的实用化，基于 Web 2.0 的论坛、博客、微博和视频分享等网络服务发展迅速，网民的高度参与性、分享性与互动性促使社区类媒体成为广告主要投放区。社会事件营销、话题营销、口碑营销等方式开始崭露头角，网络营销方式由之前的推送式、拉动式向互动式发展，营销理念也由之前的抓眼球、抓精准进入抓人心的时代。最近几年社会媒体营销在实战应用中大放光彩，尤其是微博发展最为迅猛。

三、网络营销的特点

1. 网络营销具有全球性，可以使企业营销活动拓展到最大市场范围

当今互联网已经深入到了每一个角落。全球网民数突破 20 亿人，其中我国的网民数量更是达到了 5.13 亿人，占到了全世

界的 1/4。预计，中国互联网用户人数将在 2015 年增加至 7.5 亿人。网络购物用户年增长率为 20%，至 1.94 亿人，使用率达 37.8%，其中团购用户数增长率达 244.8%。网络视频用户数量增至 3.25 亿人，年增长率达到 14.6%，使用率提升至 63.4%。微博用户数达 2.5 亿人，较上年增长 296%。接入互联网就意味着进入了这个巨大的全球市场，互联网将成为商家进行市场扩张的最佳工具。

2. 网络营销具有交互性，为企业提供快速应变能力

现代企业的经营活动向规模化、全球化发展，如何提高企业的应变能力，尽快开发或组织适销对路的产品以满足消费者需求，是企业成败的关键。互联网营销不仅有提供消费者反馈信息的广阔天地，而且它的交互性及快速信息传递，可让企业及时、广泛地听取消费者的意见或建议。互联网可以实现买卖双方的相互交流，对生产企业来说可根据消费者的要求及时改变产品设计，开发新产品，直接提供各种交互式服务；对商业企业来说，可根据消费者需求组织货源。

3. 网络营销的定制化有助于实现以消费者为中心的营销理念

企业提供的各种销售信息可以在服务器中集中存储，但它们仍然能独立运行、存入或输出。这样，企业可以以消费者为中心处理商品信息，有针对性地推销自己的产品，能克服传统促销方式把消费者不喜欢的商品强行推销造成消费者反感的缺陷。在网上推出的各类商品目录，可以让消费者比较挑选，从而迅速、经济、实惠地达到采购目标。

4. 网络营销的互联性可加强企业间的协作关系

利用内联网（Intranet）与外联网（Extranet）技术，各企业可在内部信息安全的基础上共享相关数据信息，协调管理项目，增加企业协同开发新产品的机会和联合提供优质服务的能力。一个产品的设计和开发制造，可以由不同的企业共同完成，先在联网的计算机上单独完成各个部分和环节，再进行组合完

成。互联网的这种特性尤其适用于技术难度大、投资大、风险大的国际间合作开发的项目。协作单位可通过远程会议等交流，因而能大大缩短设计周期，节约旅费开支，从而降低产品成本。

5. 网络营销的平等性营造了相对公平的市场竞争环境

在传统的营销活动中，由于地理环境、配备设施、店面大小、市场规模、交通状况等因素，其营销效果和经营状况差别巨大。这种不平等的竞争环境，会影响企业的竞争努力，形成市场垄断。采用网络营销，因为任何厂商都可以自由地在网上开设虚拟商店，其商品展示是全方位的，不管这种商品来自何方，展示的机会是均等的，不受时空限制。就消费者而言，任何人都可以通过互联网随心所欲地去浏览网上任何虚拟商店里的任何虚拟商品，并进行“货比三家”，从而确定自己的购买行为。由此可见，网络营销方式对任何厂商和消费者都是平等的。在互联网上进行商务活动的厂商不是靠组织机构的大小参与竞争，而是靠提高服务价值、服务质量和信誉来取胜。

6. 网络营销的商品多、成本低

网络营销的商品不受限制，只要网络服务器有足够容量，送货等售后服务能跟上，可以包罗万象。一家网上虚拟商场往往可以提供几十万种、上百万种商品，甚至还有各种服务项目，如飞机票、电影票等。

模块二　网络营销策略

一、网络消费者的购买动机

1. 网络消费者的需求动机

在虚拟社会中，人们希望满足网络营销环境下三种基本的需要：兴趣、聚集和交流。现实社会需求向虚拟社会需求的转变如图 4—3 所示。

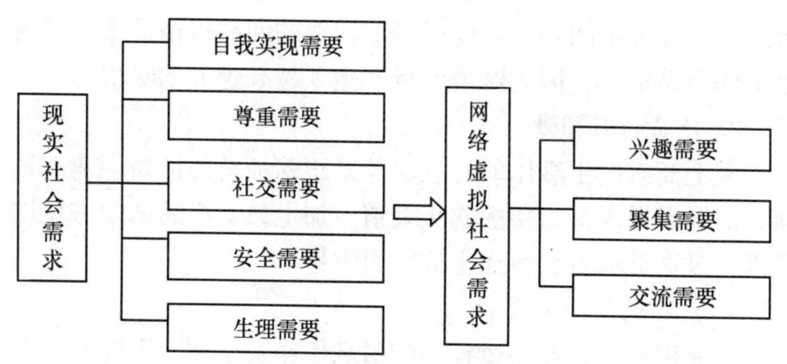

图 4—3 现实社会需求向虚拟社会需求的转变

2. 网络消费者的心理动机

心理动机是由于人们的认识、感情、意志等心理过程而引起的购买动机。网络消费者购买行为的心理动机主要体现在 3 个方面（见表 4—1）。

表 4—1 3 种心理动机的比较

心理动机		诱发因素	特点	表现
理智动机		反复比较各种商品	客观性、周密性、控制性	购买耐用消费品或价值较高的高档商品
感情动机	低级形态	喜欢、满意、快乐、好奇	冲动性、不稳定性	购买刚刚推出的新产品
	高级形态	道德感、美感、群体感	深刻性、稳定性	购买馈赠礼品
惠顾动机		对特定商品的特殊信任与偏好	重复性、习惯性	持续购买某一特定商品

二、网上购物的外在因素

影响消费者网上购物的外在因素主要有以下几个方面。

1. 产品的价格

目前在网上销售的商品价格一般都不太高，加上网上直接销售减少了许多中间环节，使得网上销售的商品价格低于传统流通渠道的商品价格，因此对消费者产生了越来越大的吸引力。

2. 产品的新颖性

网上商店由于载体的特点，总是跟踪最新的消费潮流，适时地为消费者提供最直接的购买渠道，加上最新产品的全方位网上广告，对这类消费者所产生的吸引力越来越大。

3. 产品的安全可靠性

为保护消费者购物过程中的信息传输安全和个人隐私，在网上购物各个环节必须加强安全措施和控制措施，保护消费者购物过程的信息传输安全和个人隐私保护，以及树立消费者对网站的信心。

4. 产品的挑选范围

一方面，网络为消费者提供了众多的检索途径；另一方面，消费者也可以通过公告板告诉千万个商家自己所需求的产品，吸引千万个商家与自己联系。

5. 购物的便捷性

现代社会大大加快了人们的生活节奏，时间对于每一个人来说都变得十分宝贵，人们迫切需求新的快速方便的购物方式和服务。网络购物适应了人们的这种愿望。网上购物的便捷性，一是时间上的便捷性，二是消费者可以足不出户，在很大范围内选择商品。

三、网上消费者的购买模式

消费者的网上购买过程如图 4—4 所示。

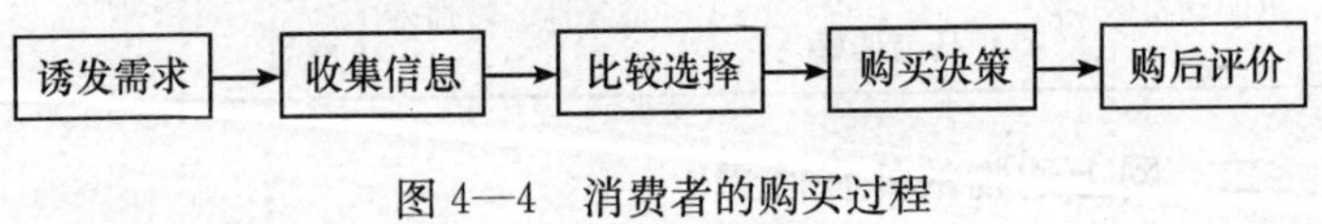

图 4—4　消费者的购买过程

(1) 诱发需求。对于网络营销来说，除了传统的诱发因素外，诱发需求的动因更主要的来源是视觉和听觉。

（2）收集信息。这个环节的作用就是汇集商品的有关资料，为下一步的比较选择奠定基础。收集信息的渠道主要有内部渠道和外部渠道。

（3）比较选择。在这个阶段，消费者对各条渠道汇集而来的资料进行比较、分析、研究，了解各种商品的特点及性能，从中选择最为满意的一种。

（4）购买决策。购买决策是指网上消费者在购买动机的支配下，从两件或两件以上的商品中选择一件满意商品的过程。

（5）购后评价。消费者购买商品后，往往通过使用，对自己的购买行为进行检验和反省，重新考虑这种购买是否正确，效用是否满意，服务是否周到等问题。

四、网络营销的目标市场定位

网络市场定位的基本原则，并不是去塑造全新而独特的东西，而是掌握原已存在于人们心中的想法，打开客户的联想之门，使产品在顾客心目中占据有利地位。因此，定位的起点是网民的消费心理。只要把握了网民的消费心理，并借助恰当的手段把这一定位传播给目标网民，就可以收到较好的营销效果。

市场定位的策略有很多种，比如比附定位、属性定位、取代定位、差异性定位、利益定位等。但不管哪一种策略，它们都强调一点，那就是：从消费者出发，突出企业的产品与竞争者产品的差异。突出差异性，可谓是市场定位的核心。

网络目标市场的定位要考虑以下几个要素。

1. 目标消费者

对网络目标消费群体的描述与掌握，是定位运作的首要因素。

2. 竞争者

要明确在消费者心目中，自己是在哪个市场与谁竞争，这有助于企业了解自身以及竞争者之间的消长。

3. 产品差异化

产品差异化是指企业生产的产品，在质量、性能上明显优于同类产品的生产厂家，从而形成独自的市场。

4. 服务差异化

当产品本身难以进行差异化时，竞争成功的关键往往取决于服务的优质。

5. 形象差异化

当产品和服务都相似时，企业可树立独特的形象，以显示与竞争者产品的不同。

五、网络营销产品与价格策略

1. 网络营销产品

从目前国内外的情况看，在网络上销售的产品，可以分为两大类：实体商品和虚拟商品。其品种可分为普通商品、数字化商品和联机服务 3 种（见表 4—2）。

表 4—2　网络营销产品

产品形态	产品品种	营销方式	产品实例
实体商品	普通商品	网上产品目录浏览与订货，商家送货上门	消费品（服装、食品） 工业品等实体商品
虚拟商品	数字化商品	提供信息	金融信息查询 网上新闻、报刊 研究论文、报告
		数字化服务产品	计算机软件、游戏 视听产品、书籍
	联机服务	网上订购服务	航空、火车、电影院订票 酒店、旅游服务
		交互式服务	在线计算机游戏 金融证券交易

2. 网络营销产品策略

在网络营销的环境下，产品策略中信息因素所占的比重越来越多。传统的产品策略开始发生变化，逐渐演变为满足消费者需求的营销策略。产品的概念已由传统的实体或物质的产品转变为现代的产品概念，即产品＝实物＋服务。企业在调整自己的产品组合时可选择以下策略。

（1）扩充产品组合策略。扩充产品组合策略也称全线全面型策略，主要是指扩大企业网上营销的产品范围，在原有产品线内增加新的产品项目，扩大经营范围，以满足市场需要。

（2）缩减产品组合策略。缩减产品组合策略也称市场专业型策略，是指减少一些产品系列或项目，集中力量经营一个系列的产品或少数产品项目，提高专业化水平，以求从经营较少的产品中获得较多的利润。

（3）产品线延伸策略。产品线延伸策略是产品线加长的策略，是指突破企业网络营销原有经营档次的范围，全部或部分地改变企业原有产品的市场定位。可供选择的产品线延伸策略主要有向上延伸、向下延伸和双向延伸三种。

3. 网络营销价格策略

价格策略是指制定价格的方法和技巧的总称，是企业重要的竞争手段。网络营销中，常用的价格策略有以下几种。

（1）免费价格策略。免费价格策略是指企业为了实现某种特殊的目的，将产品和服务以零价格形式提供给顾客使用的价格手段。免费价格的形式有产品和服务完全免费、限制免费、部分免费、捆绑式免费。

目前，企业在网络营销中采用免费策略，主要有两个目的：一是让用户免费使用习惯后，再开始收费；二是想发掘后续商业价值。

（2）低价定价策略。低价定价策略就是在公开价格时一定要比同类产品的价格低。借助互联网进行销售，比传统销售渠道的费用低廉，因此网上销售价格一般来说比流行的市场价格要低。低价定价策略又可分为以下几种：直接低价定价策略、折扣定价策略、促销定价策略。但是，并非所有产品都适合使用低价策略。

（3）定制生产定价策略。定制生产定价策略是在企业能实行定制生产的基础上，利用网络技术和辅助设计软件，帮助消费者选择配置或者自行设计能满足自己需求的个性化产品，同时承担自己愿意付出的价格成本。

（4）使用定价策略。所谓使用定价，就是顾客通过互联网注册后可以直接使用某公司产品，顾客只需要根据使用次数进行付费，而不需要完全购买产品。

（5）拍卖竞价策略。网上拍卖是目前发展比较快的领域，经济学认为市场要形成最合理的价格，拍卖竞价是最合理的方式。网上拍卖竞价方式有竞价拍卖、竞价拍买、集体议价。随着互联网市场的拓展，将有越来越多的产品通过互联网拍卖竞价。

（6）捆绑定价策略。捆绑销售这一概念在很早以前就已经出现，但是引起人们关注的原因是 20 世纪 80 年代美国快餐业的广泛应用。捆绑定价策略销售的是产品组合而不是单个产品。

（7）动态定价策略。动态定价是指随渠道、产品、客户和时间变化而频繁调整价格的商业策略。可以说，网络环境使得动态定价的可执行性比传统营销大大加强了。

六、网络促销

网络促销是指利用现代化的网络技术向虚拟市场传递有关商品和劳务的信息，以启发需要，引起消费者购买欲望和购买行为的各种活动。传统营销的促销形式主要有广告、销售促进、宣传推广和人员推销四种。网络营销是在网上市场开展的促销活动，相应的促销形式也有四种，分别是网络广告、销售促进、站点推广和关系营销。

1. 网络广告

网络广告主要是借助网上知名站点（如 ISP、ICP）或者提供免费电子邮件服务，以及一些免费公开的交互站点（如新闻组、公告栏）来发布企业的产品信息，对企业以及企业产品进行宣传推广。由于网络广告是最直接的网络促销手段，现在已经形成了一个很有影响力的产业市场，因而成为企业考虑的首选促销形式。

2. 销售促进

销售促进就是企业在网上市场利用销售促进工具以刺激顾客对产品的购买和消费。同时，还可以利用网络技术与顾客建立互动关系，了解顾客的需求和对产品的评价。常见的网上销售促进的主要形式有以下几种。

（1）有奖促销。开展网上有奖促销活动，一方面，需考虑促销商品是否适合网上销售和推广；另一方面，还应考虑消费者的喜好。

（2）拍卖促销。网上拍卖是新兴的网上促销形式，许多电子商务网站纷纷提供拍卖服务，以一定的底价在网上拍卖，由买家竞争出价，最终达成交易。

（3）免费试用促销。有些产品非常适合在网上进行免费使用促销，如许多软件厂商为吸引顾客购买软件产品，允许顾客通过互联网下载产品，在试用一段时间后再决定是否购买。

3. 站点推广

网络营销站点推广就是通过对企业网络营销站点的宣传来吸引用户的访问，同时树立企业网上品牌形象，以宣传和推广企业以及企业产品，为企业的营销目标实现打下坚实基础。

4. 关系营销

关系营销是通过借助互联网的交互功能吸引用户与企业保持密切关系，培养顾客忠诚度，提高顾客的收益率。

在上述四种网络促销的类别中，网络广告和站点推广是主要的网络营销促销形式。这两种不同的促销方法各有其特点和优势。

模块三　网络营销的主要方法

一、搜索引擎营销

SEM 是 Search Engine Marketing 的缩写，中文意思是搜索引擎营销。SEM 是一种新的网络营销形式。SEM 所做的就是全面而有效地利用搜索引擎来进行网络营销和推广。SEM 追求最高的性价比，以最小的投入获得最大的来自搜索引擎的访问量，并产生商业价值。

案例

途牛网搜索引擎推广

途牛网的主要客户群是白领阶层，有一定的消费能力，于是百度竞价排名成了途牛网的重要营销手段。途牛网投入的网络竞价排名营销费用占了总预算过半份额。投入不菲，取得了很好的实际效果。

2007 年是途牛网竞价排名营销的第一年，在没有积累、没有品牌的情况下，就取得了超过百万元的盈利，客源中有 60%～70%是因为竞价排名而来的；2008 年，竞价排名营销的效果更为明显，为途牛网带来了近千万元的盈利。

二、交换链接

交换链接或称互换链接，它具有一定的互补优势，是两个网站之间简单的合作方式，即分别在自己的网站首页或者内页放上对方网站的 LOGO 或关键词并设置对方网站的超级链接，使得用户可以从对方合作的网站中看到自己的网站，达到互相推广的目的。

交换链接主要有几个作用，即可以获得访问量、增加用户浏览时的印象、在搜索引擎排名中增加优势、通过合作网站的推荐增加访问者的可信度等。

三、网络广告

几乎所有的网络营销活动都与品牌形象有关，在所有与品牌推广有关的网络营销手段中，网络广告的作用最为直接。标准标志广告（Banner）曾经是网上广告的主流，进入 2001 年之后，网络广告领域发起了一场轰轰烈烈的创新运动，新的广告形式不断出现，新型广告由于克服了标准条幅广告承载信息量有限、交互性差等弱点，因此获得了相对比较高一些的点击率。

四、信息发布

信息发布既是网络营销的基本职能，又是一种实用的操作手段，通过互联网，不仅可以浏览到大量商业信息，同时还可以自己发布信息。最重要的是将有价值的信息及时发布在自己的网站上，以充分发挥网站的功能，比如新产品信息、优惠促销信息等。

五、电子邮件营销

e-mail 营销是企业以发送电子邮件的方式实施的，与用户及潜在用户沟通，实现企业经营战略的一种营销技术。e-mail 的内容可能是公司的新闻与声明、即将发布的新产品、优惠信息以及其他用户定制信息等。

e-mail 营销强调了三个基本因素：基于用户许可、通过电子邮件传递信息、信息对用户是有价值的。

案例

立邦漆“小鱼带您游星座”的邮件

著名油漆品牌立邦漆在各大城市建立“配色服务中心”，来为客户提供个性化服务。为了引起客户对立邦漆“配色服务中心”的关注，以低成本制造大效应，立邦漆采取电子邮件营销策略。

伴随着轻柔的音乐，出现了蔚蓝的星空，十二星座勾勒出一个代表立邦漆的 N 字母。通过拖动鼠标，画面上的小鱼也会随着鼠标的方向慢慢地移动，画面营造出一种宽敞舒适悠闲的居家享受，而这种感受正是立邦漆提供的。如此生动有趣的邮件，通过动态 Flash 的设计，让用户获得一种宁静、祥和、温馨、轻松的体验，同时，用户对立邦漆“配色服务中心”的认识也在潜移默化中加深了。

六、个性化营销

个性化营销的主要内容包括：用户定制自己感兴趣的信息内容、选择自己喜欢的网页设计形式、根据自己的需要设置信息的接收方式和接收时间等。个性化服务在改善顾客关系、培养顾客忠诚以及增加网上销售方面具有明显的效果，据研究，为了获得某些个性化服务，在个人信息可以得到保护的情况下，用户才愿意提供有限的个人信息，这正是开展个性化营销的前提保证。

七、SNS 营销

SNS（Social Networking Services），即社会性网络服务，旨在帮助人们建立社会性网络的互联网应用服务。Facebook 是最成功的 SNS 网站，而 2008 年中国最火爆的互联网现象就是 SNS 网站遍地开花。国内排名靠前的有人人网、开心网。

借助 SNS 网站对用户资源进行开发，进而可以进行广告投放、群组赞助、互动体验营销、口碑营销、虚拟物品的买卖，形成了一个可以产生多种应用的营销平台。

案例

乐 事 薯 片

百事公司利用在人人网上最热门的“开心农场”，针对乐事

100％纯天然、健康概念，将乐事“100％天然土豆种子”和“薯片加工机”等分别植入“开心农场”原料与道具中，让消费者在种植的乐趣中，体验乐事土豆的“100％纯天然”产品特质，并通过 SNS 的传播优势，分享给他们更多的朋友。

八、网上商店

建立在第三方提供的电子商务平台上、由商家自行经营网上商店，如同在大型商场中租用场地开设商家的专卖店一样，是一种比较简单的电子商务形式。网上商店除了通过网络直接销售产品这一基本功能之外，还是一种有效的网络营销手段。

从企业整体营销策略和顾客的角度考虑，网上商店的作用主要表现在两个方面：一方面，网上商店为企业扩展网上销售渠道提供了便利的条件；另一方面，建立在知名电子商务平台上的网上商店增加了顾客的信任度。

从功能上来说，对不具备电子商务功能的企业网站也是一种有效的补充，对提升企业形象并直接增加销售具有良好效果，尤其是将企业网站与网上商店相结合，效果更为明显。

九、病毒性营销

病毒性营销并非真的以传播病毒的方式开展营销，而是通过用户的口碑宣传网络，使信息像病毒一样传播和扩散，利用快速复制的方式传向数以千万计、数以百万计的受众。现在大多数免费电子邮件提供商都采取病毒性营销的推广方法。

案例

超女——病毒营销的经典之作

为满足当代青年希望释放压力的心态，湖南卫视提出“想唱就唱”的口号，把“人人都能成名”这样的梦想传达给了广大的女生。为了多得选票赢得比赛，各“超女”发动亲戚朋友拉选票，甚至投出资金买选票、各地组织粉丝团制造气氛，那段时间茶余饭后大家谈论的都是超女，一看电视大家都将频道锁定到湖南卫视。十传百、百传千、千传万。互联网上各大论坛上有关“超女”的讨论热火朝天，各方媒体更是不放过任何与“超女”相关的边角余料，各路消息纷纷出炉，只要与“超女”有关，就绝不惜版面进行报道。短短数月“超女 PK 赛”的人气超过了中央电视台的同类节目，最终炒作出“超女”这个品牌。

十、论坛营销

网络社区是指包括 BBS、论坛、讨论组、聊天室、网站频道以及其他社会性网络等在内的网上交流空间。在网络社区中，兴趣相同的网民往往会集中在同一主题内围绕相关内容，以文字、图片、视频等形式通过留言、回复、查询进行交流。

论坛营销就是企业利用论坛这种网络交流的平台，通过文字、图片、视频等方式发布企业的产品和服务的信息，从而让目标客户更加深刻了解企业的产品和服务，最终达到企业宣传企业的品牌、加深市场认知度的网络营销活动。

案例

小蜜蜂飞进唯伊网

唯伊网，一个聚集了 40 万名年轻女性的化妆品社区，成为国外化妆品品牌小蜜蜂进入中国的营销平台。唯伊网注册用户 95％以上为女性，年龄为 20～35 岁，人群主要是办公室白领，大多集中在广州、上海、北京等城市。

小蜜蜂首先在唯伊网上建立品牌 club，给消费者提供口碑传播和分享的平台。化妆品作为一种商品，其性质决定消费者在作出购买决策前，大多会希望得到多方面的品质和性价比的评价信息。鉴于此，小蜜蜂在社区中开展试用体验活动，并企图通过唯伊网的分享机制达到这个效果。用户会把其所写的试用报告转载到其他知名的女性社区中去，如瑞丽网、Onlylady 等。在品牌互动上，小蜜蜂也努力通过抽奖的方式扩大品牌知名度、使用度，拉近与消费者的距离。

十一、网络营销联盟

营销联盟目前在我国还处于萌芽阶段，在国外已经很成熟了，淘宝客通过这种新方式取得了成功。营销联盟包括三个要素：广告主、网站主和广告联盟平台。广告主按照网络广告的实际效果（如销售额、流量等）向网站主支付合理的广告费用，节约营销开支，提高企业知名度，扩大企业产品的影响，提高网络营销质量。

十二、视频营销

视频营销将“有趣、有用、有效”的“三有”原则与“快者为王”结合在一起。这正是越来越多企业选择网络视频作为自己营销手段的原因。它具有电视短片的种种特征，例如感染力强、形式内容多样、肆意创意等，又具有互联网营销的优势，例如互动性、主动传播性、传播速度快、成本低廉等。可以说，网络视频营销，是将电视广告与互联网营销两者“宠爱”集于一身。

案例

百度，更懂中文

《百度，更懂中文·唐伯虎篇》是在一种周星驰式的风格中展开的，面对一张中文告示，风流才子唐伯虎三度通过分词断句，将女粉丝从一个自以为懂中文的洋人身边全部抢夺过来，最后连洋人最亲密的女朋友亦被唐伯虎征服，最后该洋人被气得吐血。

这种恶搞的表达形式，很迎合年青一代网民的口味，一下子击中了他们“玩世不恭”的心理特点，仅一个月就拥有了超过2 000 万次的点击量。百度短片中构建诸多元素，诙谐之余也极具意趣。

十三、IM 工具营销

IM 工具营销一般是指通过 QQ、MSN、阿里旺旺等即时通信软件来实现营销的目的。常用方法一般为群发消息，利用弹出窗口显示信息，或者采用工具皮肤内嵌广告的形式。

十四、微博营销

微博是一个基于用户关系的信息分享、传播以及获取平台，用户可以通过 Web、WAP 以及各种客户端组建个人社区，以 140 字左右的文字更新信息，并实现即时分享。据最新数据统计显示，新浪微博的注册用户已经超过了 5 亿户。在微博的火热中，微博营销成了现在网络营销的主流，许多企业纷纷试水微博营销，希望通过这个高人气的平台来推广自己的服务或产品。

第五单元　相关法律知识

模块一　合　同　法

一、合同的概念与特征

1. 合同的概念

合同是平等主体的自然人、法人、其他组织之间设立、变更、终止民事权利、义务关系的协议，如买卖关系、租赁关系等。

2. 合同的特征

(1) 行为特征：合同是一种民事行为，是双方民事行为。

(2) 主体特征：合同是地位平等的法律主体之间的法律行为。

(3) 目的特征：以产生、变更、终止民事权利义务关系为目的。

二、合同主体

1. 合同主体——你在和谁交易

合同主体可以是自然人、法人和其他组织。在合同关系中，首先就要先弄清楚，与你签订合同的相对方是谁，不能张冠李戴，也不能未审查对方的资信能力就随意签订合同。

2. 合同主体的法律风险点

(1) 合同相对人不具备相应资信、能力。

(2) 合同相对人为法人的职能部门、未办理营业执照的分支机构或直属机构，缺乏履约能力。

(3) 合同相对人无代理权、超越代理权或代理权过期。

（4）我方代理人未经授权或授权终止后仍进行签约。

案例

认错借款人，几十万元血本无归

甲的朋友乙是A公司的法定代表人。2004年3月，乙向甲借款十多万元，出具了正式的借据，盖A公司公章。事后，乙拒绝还钱。甲把乙告上了法庭。乙辩称是A公司借款，因为上面盖的是A公司公章，他只是以A公司法定代表人身份签的字。法院以起诉主体错误为由驳回了甲的起诉。甲随后起诉A公司，胜诉，可A公司经营亏损，根本就没有偿还能力。乙虽然有房有车，但按《公司法》规定，公司的股东只以出资额为限承担有限责任。甲的借款最终血本无归。

三、合同的订立

表现为一方发出要约，另一方作出承诺，合同即订立。

1. 要约

要约是希望和他人订立合同的意思表示。

（1）要约的构成要件

1）要约是特定人的意思表示。

2）要约是向受要约人作出的意思表示，受要约人可以是特定的人，也可以是不特定的人，后者如悬赏广告。

3）要约是以缔结合同为目的的意思表示。

4）要约的内容应具体确定，即应具备了合同的必要条款，这是要约与要约邀请的重要区别。

5）要约须表明受要约人承诺，要约人即受该意思表示约束。

（2）要约邀请。要约邀请又称为要约引诱，是希望他人向自己发出要约的意思表示，如寄送价目表、拍卖公告、一般的商业广告等（确定了必要条款的商业广告是要约邀请，如房地产表明具体楼层、面积的价位）。要约邀请须等对方发出要约、自己作出承诺，合同方才订立。

（3）要约的形式。要约的形式可以是明示的，也可以是默示的，前者包括对话式要约和非对话式要约，后者则只作为推定方式的要约，如先发货，对方接受认可方才付款的。

对话式要约和非对话式要约的区别在于：在意思表示脱离表意人支配后，是否需要经过相当的时间，相对人才能受领。如即时买卖为对话式要约，以书面、传真方式传达意思的，为非对话式要约。电子要约原则上为非对话式要约，除非采取视频会议、网络电话、交谈室等方式。

（4）要约的生效时间

1）非对话式要约。我国《合同法》采用的是表意主义，“要约自到达受要约人时生效”。

到达是指意思表示已进入受领人的控制领域，并在通常情况下可以期待受领人能够知悉意思表示内容的客观状况。采用数据电文形式发出的要约，收件人指定特定系统接收数据电文的，该数据电文进入该特定系统的时间，视为到达时间。未指定特定系统的，该数据电文进入收件人任何系统的首次时间，视为到达时间。

2）对话式要约。《合同法》规定是到达主义，但究其实质应是了解主义。以正常情况下一般人所能理解要约的标准为解释原则，相对人能够了解要约却故意佯装不知的，并不影响要约生效，但对于特殊情况的，则即便到达相对人，也不发生效力，如相对人为聋哑人或不懂对方方言者。

（5）要约的法律效力。要约生效后，即对要约人产生法律拘束力，不得随意撤回、撤销或变更。

（6）要约的撤回。要约的撤回是指在要约发生法律效力之前，要约人欲使其不发生法律效力而取消要约的意思表示。

《合同法》第17条规定：“要约可以撤回。撤回要约的通知应当在要约到达受要约人前或者与要约同时到达受要约人。”

（7）要约的撤销。要约的撤销是指要约在发生法律效力之后，要约人欲使其丧失法律效力的意思表示。

《合同法》第18条规定：“要约可以撤销。撤销要约的通知应当在受要约人发出承诺通知之前到达受要约人。”

第19条规定：“有下列情形之一的，要约不得撤销：要约人确定了承诺期限或者以其他形式表明要约不可撤销的；受要约人有理由认为要约是不可撤销的，并已经为履行合同作了准备工作。”条款中的“理由”比如要约人曾向受要约人表示自己所发出的要约不可撤销，且双方以往的交易也证明了这点；比如对某一要约的承诺需受要约人进行广泛的、费用昂贵的调查（如广告策划）。条款中的“为履行合同作了准备工作”，比如为生产购买、租赁设备、材料等。

（8）要约的失效。要约的失效又称为要约的消灭，是指要约丧失其法律效力，要约人和受要约人均不再受其拘束。要约失效的原因包括以下几方面。

1）要约有效期届满，受要约人未作出有效承诺。

2）受要约人拒绝要约，包括两种情况：一是明示拒绝，二是对要约内容作出实质性变更。

3）如对要约内容作了非实质性变更，但要约人在要约中表明对要约不得作出任何变更的，要约失效。

4）要约人依法撤销要约。

5）要约人或受要约人死亡或消灭的，但合同履行不具有特定人身性质的除外。

2. 承诺

承诺是受要约人同意要约的意思表示。

（1）承诺的构成要件

1）承诺须由受要约人向要约人作出。

2）承诺须是对要约明确表示同意的意思表示，如“原则上赞成你们所提出的条件”“可以考虑”等，都不为承诺。

3）承诺的内容须不能对要约的内容作出实质性变更。作出实质性变更的，视为新要约。

4）承诺应在要约的有效期内作出。

（2）承诺的方式。《合同法》第22条规定：“承诺应当以通知的方式作出，但根据交易习惯或者要约表明可以通过行为作出承诺的除外。”

（3）承诺的生效时间。《合同法》第26条规定：“承诺通知到达要约人时生效。承诺不需要通知的，根据交易习惯或要约的要求作出承诺的行为时生效。”

承诺应在要约确定的时间内到达要约人，要约没有确定承诺期限的，以对话方式作出的要约，应即时承诺；以非对话方式作出的，应在合理期限内作出承诺。逾期承诺视为新要约，非因承诺人的原因致使承诺逾期的，除非要约人及时通知受要约人不接受，否则该承诺有效。

（4）承诺的撤回。《合同法》第27条规定：“承诺可以撤回。撤回承诺的通知应当在承诺通知到达要约人之前或与承诺通知同时到达要约人。”

3. 招标和拍卖程序

（1）招标程序。招标程序是指以招标、投标方式订立合同的程序，一般包括招标、投标、开标、评标和定标五个阶段。招标是要约邀请，投标是要约，定标是承诺。

招标程序属秘密竞争程序，但程序须公开、公平、公正。

（2）拍卖程序。拍卖程序是以竞价方式订立合同的程序，多由专门的拍卖组织在特定场所公开进行。一般经过开拍、竞价、拍定三个程序，分别属于要约邀请、要约和承诺。

四、合同的权利与义务

1. 合同权利、义务的具体内容

当事人双方应明确自身的权利和义务，以保证合同的顺利履行。合同权利、义务是互相对应的，特别是在强调等价有偿的买卖合同中，买方和卖方的权利、义务相对平衡。比如买卖合同中卖方的义务有：实际交付标的物、交付提取标的物的单证、交付必要的有关资料、按期交付标的物、按照约定地点交付标的物、按照约定的质量要求交付标的物、按照约定的包装方式交付标的物、转移标的物所有权、瑕疵担保。

2. 合同权利义务的法律风险

（1）合同权利义务约定不清，对标的物数量、质量、包装、运输、风险、检验标准或是检验期间等缺乏明确约定。

（2）对法律规定的义务认识不清。

（3）对自身的权利没有充分认识，无法充分保护自身利益。

案例

包装费由谁负担？

2008 年 6 月，甲、乙双方签订了买卖合同，约定乙向甲购买加工成品建筑材料波纹管，共计发生货款 45 万元，但未约定包装标准和费用等问题。7 月甲自行以木箱包装了货物并按约交付给乙，要求乙支付货款 45 万元和包装费 3 万元。乙收到货物后支付了货款 45 万元，但不肯支付包装费。2009 年 1 月甲向法院提出诉讼，向乙索要货物包装费 3 万余元以及利息。法院认为在双方未约定包装标准和费用的情况下，按《合同法》第 150 条的规定，甲应采取通用或者足以保护货物的方式包装，用木箱包装货物是甲应履行的义务。因此，法院未支持甲的诉讼请求。

3. 合同权利、义务风险防范要点

（1）在合同中明确双方的权利、义务，特别是质量、数量、包装、检验等容易产生争议的地方。

（2）明确合同和法律规定的义务。

（3）明确自身所拥有的各种权利，充分保护自身利益。

五、合同的履行

合同履行是指当事人全面、适当地完成其合同义务，当事人的合同权利得到完全实现。

1. *履行原则*

（1）全面履行原则（正确履行或适当履行原则）：当事人应按合同规定的标的、数量、质量，由适当的主体在适当的履行期限、履行地点，以适当的履行方式，全面履行合同义务的原则。

（2）协作履行原则：当事人应基于诚信原则的要求，协助对方当事人履行债务的原则。

（3）经济合理原则：当事人履行合同时应顾及对方的经济利益，以最小的履约成本，取得最佳合同利益的原则。

2. *履行方式*

通常情况下，应由合同主体亲自履行，且须按合同的约定全面适当履行合同内容。若合同生效后某些条款没有约定或约定不明的，双方可以补充约定，不能达成协议的，按合同有关条款或交易习惯确定。除此之外，合同履行尚有以下特殊方式。

（1）代为履行。由合同之外的第三人代替合同当事人履行合同。主要是约定由债务人向第三人履行债务，或由第三人向债权人履行债务。

（2）提前履行。原则上提前或迟延履行均属违约，但是提前履行不损害债权人利益的，债权人不得拒绝。

（3）部分履行。合同原则上应全部履行，但若部分履行不损害债权人利益的，债权人不得拒绝。

（4）变更履行。这是指变更履行方式和履行价格。前者一般发生在债权人分立、合并或变更住所，但没有及时通知债务人的情形，债务人可以中止履行或将标的提存。后者一般发生在执行政府定价或政府指导价的情形，在合同约定的交付期限内政府价格调整时，按照交付时的价格计算。逾期交付或逾期提取的，都按不利于逾期一方的办法处理。

六、合同的保全措施

合同保全是指为防止债务人以积极或消极方式减少财产从而

给债权人造成危害，债权人为保全其债权实现而依法采取的法律措施。主要包括代位权制度和撤销权制度。前者防止债务人消极危害债权，后者防止债务人积极危害债权。

保全措施是公力救济而非私力救济，无论是代位权还是撤销权，均应由债权人请求法院以诉讼程序解决，而且其行使范围以债权数量为限。债权人因实施合同保全措施所花费的必要费用，由债务人负担。

1. 代位权

代位权是指因债务人怠于行使其到期债权，对债权人造成侵害的，债权人可以自己的名义代位行使债务人债权的权利。

（1）代位权行使的条件

1）债权人对债务人的债权合法。

2）债权人对债务人的债权已经到期。

3）债务人怠于行使其到期债权，对债权人造成损害。

4）债务人的债权已到期。

5）债务人的债权为非专属于债务人自身的债权，后者是指基于抚养、扶养、赡养关系等产生的给付请求权、抚恤金、人身伤害请求权等。

（2）代位权行使的法律后果：债权人胜诉的，应由次债务人向债权人直接履行清偿义务。

2. 撤销权

撤销权是指因债务人放弃到期债权、无偿转让或以明显不合理的低价转让其财产，对债权人造成损害的，债权人可请求法院撤销债务人规避行为的权利。

（1）撤销权的行使条件

1）债务人确有放弃到期债权、无偿转让或以明显不合理的低价转让其财产的行为。

2）债务人规避债务的行为对债权人的利益造成了损害。

3）债务人以明显不合理的低价转让财产可能对债权人利益

造成损害。

（2）撤销权行使范围。撤销权的行使也以保全债务人债权为目的，以债权人范围为限。撤销权应自债权人知道或应当知道撤销事由之日起一年内行使，自债务人的行为发生之日起五年内债权人没有行使撤销权的，该撤销权消灭。

合同在企业的发展和管理过程中起着举足轻重的作用。充分认识到合同的重要性和合同可能带来的风险，采取各种措施规避这些风险将有利于企业的持续稳定发展。

模块二　消费者权益保护法

一、概述

消费者权益保护法是指调整在保护消费者权益过程中发生的经济关系的法律规范的总称。所谓消费者是指为了满足个人生活消费而购买、使用商品或接受服务的居民。此处的居民是自然人或个体社会成员。消费者权益是指消费者依法享有的权利及该权利受到保护时而给消费者带来的应得利益，其核心是消费者的权利。

《消费者权益保护法》的适用范围是：消费者为生活消费需要而购买、使用商品或者接受服务，其权益受该法保护；经营者为消费者提供其生产、销售的商品或者提供服务，其行为受该法规范。此外，农民购买、使用直接用于农业生产的生产资料，亦参照该法执行。

二、消费者的权利

根据我国《消费者权益保护法》的规定，消费者的权利主要包括以下内容。

1. 安全保障权

安全保障权是指消费者在购买、使用商品或接受服务时所享有的保障其人身、财产安全不受损害的权利。具体包括两方面：一是人身安全权，二是财产安全权。

2. 知悉真情权

知悉真情权是指消费者享有知悉其购买、使用的商品或者接受的服务的真实情况的权利。

3. 自主选择权

自主选择权是指消费者享有自主选择商品或者服务的权利。该权利包括以下内容。

（1）自主选择提供商品或服务的经营者的权利。

（2）自主选择商品品种或者服务方式的权利。

（3）自主决定购买或者不购买任何一种商品、接受或者不接受任何一项服务的权利。

（4）在自主选择商品或服务时所享有的进行比较、鉴别和挑选的权利。

4. 公平交易权

公平交易权是指消费者在购买商品或者接受服务时所享有的获得质量保障和价格合理、计量正确等公平交易条件和按照自己真实意愿从事交易活动，对经营者的强制交易行为予以拒绝的权利。

5. 依法求偿权

依法求偿权是指消费者在因购买、使用商品或者接受服务受到人身、财产损害时，依法享有的要求获得赔偿的权利。求偿的内容包括以下几个方面。

（1）人身损害的赔偿，无论是生命健康的损害还是精神方面的损害均可要求赔偿。

（2）财产损害的赔偿，包括直接损失和可得利益的损失。

6. 依法结社权

依法结社权是指消费者享有的依法成立维护自身合法权益的社会团体的权利。最典型的例子就是中国消费者协会和地方各级消费者协会。

7. 求教获知权

求教获知权是从知悉真情权中引申出来的一种消费者权利。它是指消费者所享有的获得有关消费和消费者权益保护方面的知识的权利。消费知识主要是指有关商品和服务的知识，消费者权益保护知识主要是指有关消费权益保护方面及权益受到损害时如何有效解决方面的法律知识。

8. 维护尊严权

维护尊严权是消费者在购买、使用商品和接受服务时所享有的其人格尊严、民族风俗习惯得到尊重的权利。

9. 监督批评权

依据我国《消费者权益保护法》的规定，消费者享有对商品和服务以及保护消费者权益工作进行监督的权利。此外，消费者有权检举、控告侵犯消费者权益的行为和国家机关及其工作人员在保护消费者权益工作中的违法失职行为，有权对保护消费者权益工作提出批评、建议。

三、经营者的义务

1. 依法定或约定履行义务

经营者向消费者提供商品或者服务，应当依照《中华人民共和国产品质量法》和其他有关法律、法规的规定履行义务。经营者和消费者有约定的，应当按照约定履行义务，但双方的约定不得违背法律、法规的规定。

2. 听取意见和接受监督

经营者应当听取消费者对其提供的商品或者服务的意见，接受消费者的监督。

3. 保障人身和财产安全

为了有效实现消费者的保障安全权，经营者应当保证其提供的商品或服务符合保障人身、财产安全的要求；对于可能危及人身、财产安全的商品或服务，应当向消费者作出真实的说明和明确的警示，并说明和表明正确使用商品或服务的方法以及防止危害发生的方法。经营者发现其提供的商品或服务存在严重缺陷，即使正确使用商品或接受服务仍然可能对人身、财产安全造成危害的，应当立即向有关部门报告和告知消费者，并应采取防止危害发生的措施。

4. 不作虚假宣传

为了保证消费者的知悉真情权，经营者应向消费者提供有关的商品或服务的真实信息，不得作引人误解的虚假宣传，否则就构成侵犯消费者权益的行为和不正当竞争行为。经营者对消费者就其提供的商品或服务的质量和使用方法等具体问题提出询问时，应当作出真实、明确的答复。在价格标示方面，商店在提供商品时，应当明码标价。

5. 出具相应的凭证和单据

经营者在提供商品或服务时，应当按照国家有关规定或商业惯例向消费者出具购货凭证或服务单据；消费者索要购买凭证或服务单据的，经营者必须出具。由于购货凭证或服务单据具有重要的证据价值，对于界定消费者和经营者的权利义务也具有重要意义，因此明确经营者出具相应的购货凭证和单据的义务，有利于保护消费者权益。

6. 保证质量的义务

经营者应当保证在正常使用商品或者接受服务的情况下其提供的商品或者服务应当具有的质量、性能、用途和有效期限；但消费者在购买该商品或者接受该服务前已经知道其存在瑕疵的除外。经营者以广告、产品说明、实物样品或者其他方式表明商品或者服务的质量状况的，应当保证其提供的商品或者服务的实际质量与表明的质量状况相符。

7. 不得从事不公平、不合理的交易

为了保证消费者的公平交易权，经营者不得以格式合同、通知、声明、店堂告示等方式对消费者作出不公平、不合理的规定，或减轻、免除其损害消费者合法权益应当承担的民事责任。经营者在格式合同、声明、店堂告示等含有对消费者作出不公平、不合理的规定或减轻、免除经营者损害赔偿责任等内容的，其内容无效。

8. 尊重消费者人格尊严的义务

经营者不得对消费者进行侮辱、诽谤，不得搜查消费者的身体及其携带的物品，不得侵犯消费者的人身自由。

四、争议的解决

1. 争议解决的途径

（1）与经营者协商和解。

（2）请求消费者协会调解。

（3）向有关行政部门申诉。

（4）提请仲裁。

（5）向人民法院提起诉讼。

2. 解决争议的几项特定规则

（1）销售者与生产者之间的责任归属

1）销售者先行赔偿制度。

2）销售者与生产者之间连带赔偿制度。

3）消费者在接受服务时，其合法权益受到损害时，可以向服务者要求赔偿。

（2）变更后的企业仍应承担赔偿责任。消费者在购买、使用商品或者接受服务时，其合法权益受到损害，因原企业分立、合并的，可以向变更后随其权利义务的企业要求赔偿。

（3）营业执照持有人与租借人的赔偿责任。使用他人营业执照的违法经营者提供商品或者服务，损害消费者合法权益的，消费者可向其要求赔偿，也可以向营业执照的持有人要求赔偿。

（4）展销会举办者、柜台出租者的特殊责任。消费者在展销会、租赁柜台购买商品或者接受服务，其合法权益受到损害的，可以向销售者或服务者要求赔偿。展销会结束或者柜台租赁期满后，也可以向展销会的举办者、柜台的出租者要求赔偿。展销会的举办者、柜台的出租者赔偿后，有权向销售者或者服务者追偿。

（5）虚假广告的广告主与广告经营者的责任。当消费者因虚假广告而购买、使用商品或者接受服务时，若合法权益受到损害，可以向利用虚假广告提供商品或服务的经营者要求赔偿。广告的经营者发布虚假广告的，消费者可以请求行政主管部门予以惩处。广告的经营者不能提供经营者的真实名称、地址的，应当承担赔偿责任。

培训大纲建议

一、培训目标

通过培训，培训对象可以在企业从事商品、服务推销工作。

1. 理论知识培训目标

（1）掌握市场细分、目标市场选择、市场定位、产品策略、价格策略、渠道策略和促销策略等相关专业知识。

（2）熟悉营销环境与营销员的相关常识，了解与营销相关的商业知识。

2. 操作技能培训目标

（1）掌握营销的 STP 分析、4P 策略分析。

（2）能进行市场分析与营销策划的撰写。

（3）了解营销员需要具备的基本常识。

（4）了解与营销密切相关的法律常识。

二、培训课时分配要求

总课时数：78 课时

理论知识课时：54 课时

操作技能课时：24 课时

具体培训课时分配见下表。

培训课时分配表

培训内容	理论知识课时	操作技能课时	总课时	培训建议
第一单元　市场营销知识	6	2	8	**重点**：基本的社交礼仪与不同的营销观念 **难点**：不同市场营销观念的含义及其区别 **建议**：营销观念的讲解结合实例为佳，运用对比式和讨论式
模块一　营销人员的素质	2			
模块二　营销人员的社交礼仪	2	2		
模块三　市场营销观念的演进	2			
第二单元　市场营销环境分析	4		4	**重点**：企业与市场营销环境的关系，营销环境包含的内容及对企业的影响 **难点**：营销环境包含的内容及对企业的影响 **建议**：先由教师进行引导性讲解；有关营销环境的内容可采用讨论式学习法
模块一　企业的微观环境	2			
模块二　企业的宏观环境	2			
第三单元　营销策划与执行	28	22	50	**重点**：市场细分的一般原理与方法，目标市场策略的运用以及市场定位的含义与策略；产品的整体概念，产品组合的基本概念；影响产品定价的主要因素，企业的定价方法，定价策略；分销渠道的基本模式，企业的分销渠道策略，中间商的类型；影响产品促销组合的因素，四种促销手段的含义与特点，促销策略的主要内容
模块一　市场细分	4	2		
模块二　目标市场选择	4	2		
模块三　市场定位	4	2		

续表

培训内容	理论知识课时	操作技能课时	总课时	培训建议
模块四　产品策略运用	4	4	50	**难点**：目标市场策略的运用，分析竞争者的步骤和方法，各类竞争者如何根据企业的竞争地位制定相应的竞争策略；产品经济生命周期原理的基本内容及其对企业的意义，企业对该原理的应用；定价策略；企业的分销渠道策略；促销策略的主要内容 **建议**：先由教师进行引导性讲解，然后让学生在掌握知识点的前提下讨论，并且结合实际进行案例分析，最后要求能结合实际进行实地考察分析并撰写实训报告
模块五　定价策略运用	4	4		
模块六　分销渠道策略运用	4	4		
模块七　促销策略运用	4	4		
第四单元　网络营销	8		8	**重点**：网络营销的基本概念和策略 **难点**：网络营销策略 **建议**：先由教师进行引导性讲解，学员可分组，互相讨论、评议
模块一　网络营销的基本概念	4			
模块二　网络营销策略	4			
模块三　网络营销主要方法				
第五单元　相关法律知识	8		8	**重点**：《合同法》《消费者权益保护法》相关法条 **难点**：《合同法》《消费者权益保护法》相关法条的理解 **建议**：由教师进行引导性讲解，结合实际案例
模块一　合同法	4			
模块二　消费者权益保护法	4			